39ee6203832d4a14
8a6a203f69b5b5c0

César Medio Madrigal

EL LADO OSCURO DEL TRADING

Y DE LOS MERCADOS FINANCIEROS

Escrito por César Andrés Muñoz Madrigal

en Octubre y Noviembre del 2017.

L'Hospitalet de Llobregat, Barcelona, España.

Reservados todos los derechos.

CONTENIDO

Prólogo 1
6. Mercado primario y secundario de acciones 1
1. Introducción y presentación del escenario general 5
2. Testimonio personal 7
3. Marketing engañoso 21
4. Actores de los mercados financieros a tener en cuenta ...29
5. Crítica al análisis fundamental 38
7. Caso Tesla 44
8. Caso Bitcoin 47
9. Crítica al análisis técnico 50
10. Alternativas al trading de alta frecuencia 61
11. Los mejores traders de la historia 61
Conclusión Final 71
Autocrítica 74
Bibliografía y otros contenidos consultados 76

Prólogo

Dedico este libro a todas aquellas personas que están a punto de entrar en el mundo del trading y de las inversiones en los mercados financieros, o a aquellas personas que estando dentro ya se cuestionan si hay algún tipo de manipulación detrás de todo ello, ya sea en trading con acciones, en productos derivados, Forex (mercado de divisas), opciones, futuros o cualquier otro producto financiero.

Desearía poder abrir los ojos de muchos lectores al control y también manipulación inherente en este campo por parte de unas pocas personas y entidades que controlan los mercados, manipulación totalmente encubierta a veces y otras semiencubierta pero siempre presente. Es decir, "los peces gordos" de los mercados, o mayormente las compañías dueñas de las lonjas de cambio, bancos de inversión, fondos de compensación y de pensiones, sistema interbancario, grandes firmas de trading de alta frecuencia y los brokers que operan con clientes minoristas, procuran en la medida de lo posible que no se sepa que los mercados financieros están muy controlados, o nos quieren hacer creer de que lo están menos de lo que realmente están. Mientras que la realidad es que los precios en los mercados financieros están muy controlados, o podríamos decir también que manipulados: prueba de ello es que los precios tienden a mantenerse repetidamente en zonas de soporte o resistencia o a formar patrones gráficos como triángulos, canales, cuñas, hombro-cabeza-hombro, taza y asa, etc.

Este control empieza desde el momento en que ofrecen formación gratuita sobre análisis de mercados y trading en seminarios, webinarios o talleres presenciales, utilizando en muchos casos publicidad engañosa o contradictoria, pasando por hacernos creer que interpretando cómo las noticias o los informes financieros de las compañías en teoría afectan los precios de los activos financieros de los mercados (lo que se llama como análisis fundamental), y analizando los gráficos de precios y los patrones que forman, junto con el uso de distintos indicadores matemáticos (lo que en conjunto se denomina análisis técnico), se puede de alguna manera predecir con relativa probabilidad de acierto la futura dirección de las fluctuaciones de los precios, es decir si los precios subirán o bajarán en el futuro.

Al fin y al cabo se trata de que unos pocos que controlan los mercados hagan dinero de los muchos que lo pierden. Porque el dinero como la energía no desaparece sino que se mueve y fluctúa de unas personas o instituciones a otras. Así pues es necesario que en este juego del trading en el escenario de los mercados financieros, unos pierdan para que otros pocos ganen.

Espero que con mi testimonio y con las muchas explicaciones y ejemplos que presento en este libro, muchos de los lectores puedan pensárselo seriamente a la hora de comenzar o continuar haciendo trading o inversiones a corto plazo.

Como trading me refiero al hecho de hacer inversiones a corto plazo, es decir, abrir y cerrar posiciones de compra y venta de activos financieros en minutos, horas, días o plazos inferiores a un mes con una intención especulativa, para obtener una ganancia con la diferencia de precio.

De mis afirmaciones daré explicaciones y pondré ejemplos a lo largo de este libro basadas en el sentido común, del razonamiento lógico, de mi propia experiencia en trading y de mi conocimiento de los mercados financieros con la ayuda de información extraída de internet, y en especial de webs de peso y de buena reputación en este campo.

Como nota final añadiría que vayamos con precaución, pues como se dice en la Biblia: el amor al dinero es la raíz de toda clase de males.

1
Introducción y presentación del escenario general

Recuerdo que en la universidad en la asignatura de política económica, en algún momento entre Septiembre de 1997 y Junio de 1998, escuché aquello de "la mano invisible" del filósofo Adam Smith, metáfora de la capacidad autorreguladora del libre mercado, que aparecía en su obra clásica "La riqueza de las naciones" escrita el año 1776, el mismo año del nacimiento de Estados Unidos como nación, tras la Declaración de Independencia de las Trece Colonias, exactamente el 4 de Julio de 1776. A pesar de ser una metáfora aquello de "la mano invisible" siempre me sonó raro, y aunque pensara en que el verdadero significado de la metáfora de la "mano invisible" es "la capacidad autorreguladora del libre mercado", seguía habiendo alguna pieza del puzle en mi cabeza que no encajaba. ¿Verdaderamente el libre mercado se puede autorregular simplemente? Obviamente tiene más sentido pensar que los mercados no se autorregulan por sí solos como si fueran entidades con vida propia, sino que hay unos actores detrás que controlan los mercados, que como veremos son las dos empresas que controlan la mayor parte de lonjas de cambio centrales, grandes bancos de inversiones, fondos de compensación y de pensiones, y grandes compañías de trading de alta frecuencia. Y los organismos que regulan y velan por el buen funcionamiento en estos mercados son en parte las comisiones nacionales de control de los mercados financieros de cada nación, como por ejemplo en España la Comisión Nacional del Mercado de Valores, CNMV, o en Estados Unidos la SEC, Securities and Exchange Commission. Y digo que regulan en parte porque hay mucho trading que se hace en lonjas de cambio alternativas no controladas bien por estas comisiones de control, y hay muchas malas prácticas en este mundo, junto con el hecho de que estos organismos reguladores no defienden lo suficiente a los inversores, porque solamente actúan y cambian sus regulaciones después de que se producen las actuaciones o hechos que infringen el buen orden de los mercados financieros. Es decir, las comisiones reguladoras son solamente reaccionarias a los hechos, y no previenen los mismos.

Por otro lado sabemos que allí donde hay dinero, hay personas corruptas que caen en la codicia de engañar para poder acumular más fortuna. Solamente es necesario observar la multitud de casos de corrupción en relación con políticos o altos cargos públicos que utilizan y se apropian de dinero público para su propio bien personal.

Por lo que obviamente en los mercados financieros, la codicia por hacer más dinero a costa de engañar a los demás tampoco nos debe sorprender.

De hecho los actores que controlan los mercados financieros y la mayoría de brokers no quieren que se sepa que la fluctuación de precios en los mercados están altamente controlada, y lo hacen de la forma más discreta e inapreciable posible, para que los

pequeños inversores entren en el juego del trading invirtiendo el mayor número de veces posible y la cantidad de capital más grande posible.

Así pues el trading es prácticamente un juego de azar disfrazado de ciencia, en el que muchos actores viven de ello, por lo que también hay muchos conflictos de intereses y multitud de razones por las que a estas personas les interesa mentir o no contar toda la verdad, y en algunos casos incluso la ignoran.

Solamente es necesario pensar en la regla del trading que dice lo siguiente: el 90% de los nuevos inversores pierden el 90% de su capital en menos de 90 días, para darse cuenta de que en este campo los pocos viven de las pérdidas de los muchos. Ésta es la misma filosofía utilizada en la lotería y juegos de azar pero con un aspecto de ciencia, para atraer a aquellas personas que creen que aprendiendo el análisis fundamental y el técnico de gráficos e indicadores pueden ganar dinero o incluso vivir del trading. La realidad en cambio es que muy pocos actores viven del trading, y lo hacen a costa de la buena gestión riesgo-beneficio y de una buena gestión del capital, es decir, cortando rápido las pérdidas (sin que superen el 2% del total de capital disponible por posición) y alargando las ganancias, o compensando las posiciones perdedoras con otras posiciones en sentido contrario (una posición de compra se compensará con otra posición de venta y viceversa), e invirtiendo no más del 1% en cada posición del total de su capital disponible.

En definitiva en el mundo del trading y de las inversiones en mercados financieros hay mentiras y manipulación a diferentes niveles: marketing engañoso, conflictos de intereses entre los actores, formación sesgada o incompleta, malas prácticas o prácticas poco éticas, etc. consecuencia de vivir en un mundo de personas con intereses egoístas, que forman así sistemas políticos, económicos y financieros que emplean métodos y tácticas engañosos.

2

Testimonio personal

De hecho yo entré en el mundo del trading y de las inversiones especulativas en mercados financieros aproximadamente entre Abril y Mayo del año 2017,

influenciado por el hecho de que tenía dos amigos que hablaban a menudo de ello.

Fue así debido a mi curiosidad intelectual como empecé a mirar seminarios y webinarios en internet sobre trading y compré un e-book con los fundamentos de esta

"ciencia" escrito por un trader con mucha experiencia y con estudios superiores. Ésta es una historia muy común a otras personas que como yo también, entran en contacto primero con este mundo partiendo de una curiosidad intelectual, atraídos por el hecho de querer aprender el funcionamiento de los mercados financieros y de las fluctuaciones de precios en éstos. Así pues tanto el análisis de noticias, de estados financieros y de gráficos de precios e indicadores, se utiliza como una pseudociencia para atraer a personas que precisamente quieren evitar los juegos de azar, ya que nos hacen creer que con un buen análisis de las noticias, de los balances financieros de las empresas y de los gráficos de precios puedes ser un trader de éxito y vivir de ello.

Yo en un principio ya me conformaba con aprender esta "ciencia" solamente, y no invertía dinero, pero estos webinarios, seminarios o talleres de trading se realizan como "herramienta de marketing" para inciarte a invertir. A más exposición al producto, obviamente más posible es que una persona empiece a invertir en ello. Y

así un día vi en internet un anuncio para asistir a un seminario presencial sobre trading en un hotel de Barcelona. El anuncio era parcialmente engañoso porque decía literalmente:

"Inversión, *espectáculo* y aprendizaje a partes iguales. Broker online X (a lo largo del libro no daré nombres concretos de compañías de brokers online con las que abrí cuentas y operé para evitar problemas, pero siempre podéis preguntarme por ellas por privado) tiene una propuesta muy interesante para las próximas semanas: trading en vivo, en directo y en más de 25 ciudades diferentes, donde destacamos diversas sesiones por toda Cataluña, donde los asistentes podrán ver en riguroso tiempo real, como un trader con amplia experiencia, toma decisiones de inversión en directo."

…

"Los traders expertos del bróker online X "emularán a las estrellas de rock". El evento va a tomar "la forma de roadshow" que se extenderá durante los próximos meses por más de 25 provincias peninsulares, entre las que se encuentran Barcelona, Girona, Tarragona o Lleida.

Asistir a este "espectáculo" de trading es totalmente gratuito y la inscripción se realiza a través de internet."

…

En este taller de formación en un hotel de Barcelona hubo presentación de la compañía bróker, presentación de la plataforma de trading Metatrader 4, ampliamente usada en el mundo del trading minorista, enseñanza de conceptos de trading, sobretodo relacionados con el análisis técnico, pero no hubo nada de espectáculo o entretenimiento en ello. Simplemente esta tipo de publicidad era una forma de atraer a más inversores, y claro, yo como un novato más en el tema pues esperaba ver algún show o espectáculo que me sorprendiera y entretuviera tal como se predicaba en el anuncio copiado arriba . Enseguida me di cuenta de que aquello que me enseñaban podía aprenderlo en webinarios y vídeos formativos de YouTube sobre trading en mi casa, ya que la oferta de formación sobre trading online es inmensa, y cada vez aumenta más gracias al crecimiento exponencial del uso de internet y de los dispositivos electrónicos móviles. Así me fui a casa justo hora y media después de llegar al taller formativo, mucho antes de que acabara, pero en el descanso dejé mis datos de contacto para que me informaran más.

Poco después me enviaron un e-mail para invitarme a abrir una cuenta demo (una cuenta de práctica) de trading, lo cual hice, y me llamaron para invitarme y guiarme a abrir una cuenta real con un mínimo de inversión por mi parte. También lo hice y en menos de dos meses abrí cuatro cuentas reales más con otros brokers online de buena reputación, inscritos con su número de registro correspondiente, y autorizados y regulados por la comisión nacional de control de valores correspondiente. Dado que estos brokers online quieren captan el máximo número de inversores posibles, obviamente no es muy difícil abrir cuentas reales con ellos: básicamente siempre te piden fotocopia del documento de identidad o pasaporte, recibo de servicios como de la luz, telefonía, internet, etc. o documento en el que conste la dirección actual como prueba de que la persona vive en esa dirección física, y hacer un depósito mínimo de dinero para activar la cuenta real.

Me llamó mucho la atención que siempre te advertían y te hacían escribir en la plataforma o en el formulario correspondiente de internet que este tipo de inversiones son de alto riesgo. Pero sobretodo me chocó ver que en muchos e-mails recibidos de parte de la compañía bróker online decía en la parte de abajo en letra de tamaño pequeño: Aviso de riesgo: "La CNMV considera que los productos ofrecidos por la compañía son difíciles de entender y no son adecuados para inversores minoristas debido a su complejidad y riesgo." ¿No adecuados para inversores minoristas? ¿En serio? Pues de hecho es bien conocido que estas compañías bróker no aplican ninguna especie de filtro a la hora de captar nuevos inversores y clientes, ya que invitan a seminarios de presentación de empresa y de formación a cuantas más personas mejor, y con técnicas de marketing que como se ha visto son un poco fraudulentas por contener ciertos puntos de mentira en ello.

En relación a lo comentado en el párrafo anterior se trata de un marketing parecido al de la industria del tabaco: así pues, por ejemplo, en muchos países al hacer publicidad de tabaco tienen la obligación por ley también de advertir a los fumadores de que es perjudicial para la salud tanto en las cajetillas como en los anuncios en otros medios como la televisión. Así pues se entra en una clara contradicción: el tabaco y en este caso el trading no es recomendable ni bueno para uno, pero nosotros lo anunciamos y lo promocionamos igualmente.

En el caso del marketing del trading, parece una forma de quitarse la responsabilidad de encima: advierten de que si se es un inversor minorista no nos conviene hacer trading, y así se quitan la responsabilidad de encima cuando lo promocionan y anuncian, en caso de que perdamos dinero con ello. También es un arma de doble filo, porque como pasó en el jardín del Edén solamente es necesario que te prohíban hacer algo para que seas tentado a hacerlo. Es la naturaleza humana. Es una forma de psicología inversa, parecida a la que se utiliza con los niños rebeldes: decirles lo contrario de lo que quieren que hagan, para que hagan lo correcto.

Siguiendo mi historia empecé a hacer trading en Forex a través de la App de Metatrader 4 (plataforma de trading profesional ampliamente usada por diversos brokers online de trading), es decir en el mercado de divisas, ganando la mayoría de veces, ya que básicamente observaba un poco los gráficos y leía algo las noticias económicas y financieras intentando predecir donde podría ir el precio del par Euro-Dólar americano, Libra Esterlina-Dólar americano, etc. para luego abrir una posición larga o de compra, vendiendo posteriormente a un precio más alto si pensaba que el precio iba a subir, o una posición corta o de venta, para luego comprar a un precio más bajo si creía que el precio del activo iba a bajar. En definitiva lo hacía con el propósito especulativo de ganar la diferencia del precio de compra al de venta o viceversa.

Muchas veces me pasaba horas mirando a menudo la oscilación de precios, y esperaba horas o uno o dos días para cerrar mi posición con ganancias y otras veces simplemente establecía un Take Profit (precio que se establece en la plataforma de trading en el cual se desea salir de la operación con ganancias). Analizada esta sencilla estrategia podemos llegar a pensar lo siguiente: los brokers online nos inundan con formación gratis sobre análisis fundamental y técnico y dentro de éste te ofrecen estrategias, por ejemplo, te indican que en el par Euro-Dólar parece estar formándose un triángulo ascendente según el gráfico de una hora, por lo que nos sugieren esta estrategia: comprar a este precio, vender a este precio, poner el Stop Loss (precio al que detener las pérdidas y salir de la operación) aquí y el Take Profit allí. Entonces ¿cuál es el sentido de ofrecerte tantas estrategias si con el simple hecho de abrir una posición de trading en cualquier producto financiero, ya sea una posición larga o corta, y estableciendo un Take Profit sin Stop Loss, y manteniendo la posición

abierta el tiempo necesario, puedes obtener ganancias en la mayoría de las veces como yo hice repetidamente? Pues obviamente una de las razones por las que ofrecen estas estrategias o alertas de inversión es como forma de marketing, ya que si lo hacen, alientan a las personas a invertir de forma indirecta.

De hecho en una cuenta demo de práctica, abrí 10 posiciones siguiendo estrategias sugeridas por esta compañía bróker online, y siete de estas posiciones se cerraron con pérdidas. Por otro lado también empecé a utilizar Autochartist, un servicio de alertas y estrategias de trading siguiendo formación de patrones de los precios en los gráficos, tales como triángulos, canales, cuñas, etc. Entonces abrí muchas posiciones de trading en cuenta real en el mercado de divisas siguiendo estas alertas, sobretodo aquellas que indicaban un porcentaje de probabilidad más alto de acierto: 70% de probabilidad o más, y aproximadamente la mitad de ellas resultaron posiciones perdedoras.

Pero los grandes problemas de los cuales no advierten, cuando hacen copiar la frase conforme estos productos son complicados y de alto riesgo, y por tanto no adecuados para la persona que está copiando esta misma frase son los típicos de las debilidades de la psicología humana. Quiero decir que el trading a semejanza de los juegos de azar o de las máquinas tragaperras pueden ser muy adictivos y llevar a la ludopatía (adicción a los juegos de azar). En mi caso me sentía ansioso y miraba los precios de los pares de divisas en los que tenía invertido mi dinero más de 20 veces al día, para saber si acumulaba ganancias o pérdidas, y si debía o no cerrar mis posiciones.

Así pues también abrí una cuenta con otro bróker online, el cual me ofreció por 2.000

euros de inversión la orientación de un "senior trading trainer", (literalmente se traduce como formador de trading experimentado) para que me enviara alertas de inversión por SMS y mensajes de WhatsApp, y para que me orientara o ayudara con mi formación de trading y decisiones de inversión. La primera llamada con mi asesor de trading fue como siempre para averiguar mi experiencia en inversiones y conocer mi perfil de trader, es decir en qué tipo de producto financiero prefería invertir, durante cuanto tiempo había invertido en el pasado, y si era más bien un inversor que prefiere hacer inversiones de alto, medio o bajo riesgo. Obviamente a mayor riesgo más potencial de ganar más cantidad de dinero y a la inversa, a menor riesgo menos potencial de ganar dinero. Posteriormente tuve dos llamadas más con mi formador de trading, y recuerdo que me comentó que ese viernes se iban a publicar por parte de Estados Unidos los resultados de Nóminas No Agrícolas, lo cual afectaría el precio del dólar frente a otras divisas. También me indicó que me instalara el programa de software Team Viewer para orientarme a cómo usar la plataforma de trading específica de la compañía bróker para la que trabajaba, aprovechando también para hacer algunas prácticas con el indicador de extensiones y retrocesos de Fibonacci, que son unas proporciones matemáticas a las cuales en teoría los precios tienden a

avanzar o a retroceder. Por otro lado le pregunté si me recomendaba ejecutar alguna operación, y me dijo que mirara el par libra esterlina-dólar americano porque el día anterior la libra esterlina había bajado mucho con respecto al dólar americano, y por lo tanto hoy era previsible que subiera para corregir la caída del día anterior. Así pues abrí una posición larga de compra libra esterlina-dólar, y resultó que la libra esterlina siguió en una espiral de caída (me refiero al periodo desde el 3 de Agosto del 2017

hasta el 24 de Agosto del 2017, donde el precio del par pasó a cotizar de 1,326 a 1,277 dólares americanos por libra esterlina), en teoría influida por la dificultad en las negociaciones sobre el Brexit del Reino Unido con la Unión Europea durante esas semanas. De esta manera comencé mi propia espiral de pérdidas, y así la mayoría de analistas del mercado de divisas durante estas tres semanas predijeron una mayor caída de la libra esterlina frente al dólar estadounidense. Yo por mi parte iba acumulando pérdidas en este par, porque a medida que la libra esterlina perdía valor frente al dólar americano, iba comprando más de este par de divisas a un precio más bajo, con la esperanza de que la libra esterlina subiera de precio para corregir la caída.

De esta manera ante la presión psicológica de observar como perdía dinero en mis posiciones abiertas hacía lo que muchos traders: abrir más posiciones pensando que la tendencia o subtendencia del precio se revertiría en mi favor, lo cual a menudo se traduce en más pérdidas. Finalmente al cabo de estas tres semanas desde la primera gran caída de la libra esterlina frente al dólar, el precio de este par empezó a subir con fuerza sin gran motivo aparente, con un swing o recorrido alcista que duraría hasta el 20 de Septiembre, en el cual llegó a alcanzar un precio máximo de 1,365 dólares americanos por una libra esterlina, y de esta manera logré reducir pérdidas, cerrando todas mis posiciones entre el 30 y el 31 de Agosto del 2017.

También recuerdo que mi formador de trading me preguntaba, ¿tú qué crees? ¿la libra esterlina subirá o bajará frente al dólar americano? Yo pensé en aquel momento sin decirle nada: ¡pues vaya formador de trading tengo!. ¿Se trata solamente de que yo piense y adivine el movimiento futuro de precios de este par? ¿No podría mi formador-consultor de trading serme de algo más de orientación al respecto? Al fin y al cabo, se suponía que sabía más que yo en este tema para poder orientarme y enseñarme.

Mi decepción con este formador de trading siguió en aumento cuando yo acordé para el día siguiente después de mi trabajo una llamada con él, para que me orientara y ayudara en mi formación de trading y de los mercados financieros. Al llegar a casa le envié un mensaje de WhatsApp para indicarle que ya estaba disponible para la llamada, pero mi formador vio el mensaje (las dos aspas "Vs" se volvieron de color azul debajo del mensaje que le envié, indicando que había recibido y leído mi mensaje de WhatsApp) y nunca me contestó. Una semana más tarde me escribió un e-mail para retomar el contacto, y le indiqué que nunca contestó a mi mensaje de WhatsApp la semana anterior. Él se excusó diciendo que había tenido un accidente

con la moto, y que no había estado en toda la semana en la oficina. Fuera verdad o no lo referente a su accidente de moto, este formador podía haber respondido perfectamente a mi mensaje de WhatsApp a tiempo explicándome lo ocurrido. Así pues ante la falta de seriedad de esta persona, le indiqué que ya no necesitaba su ayuda, y que me las apañaba solo (teniendo en mente también que en las pocas sesiones que habíamos tenido, tampoco parecía haber sido de mucha ayuda como comenté).

En resumidas cuentas, mi breve experiencia con este formador de trading me llevó a desconfiar de los formadores de trading en general, en el sentido que pienso que son ciegos guías de otros ciegos, en un mundo muy controlado y manipulado, y donde muchos actores, incluidos estos formadores, tienen a menudo conflictos de intereses por promocionar la plataforma y el bróker que les paga.

Precisamente con la compañía bróker online para la que trabajaba este formador de trading tuve otro problema. Me bajé la App de su plataforma en mi potente smartphone de última generación, para comprobar que esta App se colgaba casi todo el tiempo, por lo que no podía abrir o cerrar posiciones exactamente en el momento que quería, y además mis posiciones de trading se cerraban antes de alcanzar los niveles de "Take Profit" establecidos por mí (Take Profit: el precio al cual quieres cerrar de manera automática tus posiciones con ganancias). Así pues escribí el siguiente e-mail al equipo de soporte de este bróker online en inglés a fecha de 1 de Septiembre del 2017:

"Hola,

Soy César Muñoz Madrigal. Después de recibir en mi cuenta la retirada del dinero que pedí, me gustaría cerrar mi cuenta. Las razones por las que deseo hacerlo es porque la App para móvil (celular) de su plataforma de trading es muy inestable y se cuelga todo el tiempo. Establezco Take Profits y el Take Profit se ejecuta antes de que alcance el punto que yo había indicado.

Por otro lado pedí a uno de sus agentes si podía usar Metatrader 4 con mi cuenta de trading, y me contestó que debería hacer un depósito de al menos $5.000 en la cuenta para ello, mientras que yo ya estoy operando con Metatrader 4 en cuentas de otros brokers con tan sólo un depósito de $100.

Así pues no estoy satisfecho con sus servicios.

Gracias.

César."

Días más tarde recibí una llamada de un comercial de otra compañía bróker online, y me habló de lo que ya había estado escuchando durante gran parte del año 2017: de la

revalorización exponencial del bitcoin frente a las divisas tradicionales, en especial frente al dólar en el 2017. En pocas palabras, me hablaba del "boom" de trading del momento: las criptomonedas o monedas digitales. Entonces abrí una cuenta con otro broker online de amplia presencia internacional, con el cual empecé a operar en Forex pero con criptomonedas o monedas digitales, como el mismo bitcoin y el ethereum.

Así pues abrí muchas posiciones largas de compra bitcoin-dólar estadounidense y ethereum-dólar estadounidense a finales de Agosto del 2007 y gané unos 2.500 euros en menos de una semana. Cerré mis posiciones ethereum-dólar en la madrugada del 1

de Septiembre con ganancias, justo antes de la gran caída del Bitcoin y de todas las demás criptomonedas que se produjo entre el 1 de Septiembre y el 15 de Septiembre, en teoría por una gran venta de bitcoins para tomar ganancias por parte de unos grandes inversores, y por el miedo al hecho de que China anunciaba que cerraría la mayoría de sus plataformas de cambio de bitcoin en

Octubre del 2017, siendo China uno de los mayores países usuarios de esta criptomoneda. Desafortunadamente mantuve abiertas mis posiciones de compra (posiciones largas) de bitcoin-dólar americano con la esperanza de que el bitcoin volvería a subir de precio y de que cotizara por encima de los $5.000. Así pues en este periodo de tiempo el valor del bitcoin pasó de cotizar de 1 Bitcoin= $4.904,99 el 1 de Septiembre del 2017 a 1

Bitcoin= $2.965,01, el 15 de Septiembre del 2017, es decir, perdió aproximadamente un 40% de su valor, y tuve que ir cerrando posiciones largas perdedoras, por mi mala gestión del capital, ya que había abierto demasiadas posiciones con la esperanza de la revalorización y subida de nuevo del precio de cotización del bitcoin-dólar americano.

Psicológicamente no estaba preparado para asumir pérdidas, así que cuando el precio del bitcoin bajaba yo abría más posiciones compradoras bitcoin-dólar, con la esperanza de doblar ganancias cuando la corrección del precio acabase y el precio del bitcoin volviese a subir. Lo cual es algo habitual en la psicología humana: perder y seguir invirtiendo más dinero con la esperanza de recuperar lo perdido, como me había pasado ya al operar con la libra esterlina-dólar estadounidense.

En estos momentos el bitcoin actuaba de líder de las demás monedas digitales, y cuando el bitcoin subía, las demás monedas digitales le seguían en la misma dirección. De hecho durante este tiempo como tenía posiciones largas abiertas en bitcoin-dólar y ethereum-dólar, comprobaba como las fluctuaciones de precios de estas dos criptomonedas eran prácticamente paralelas. Este movimiento paralelo de las fluctuaciones de las principales criptomonedas siguiendo al bitcoin me pareció sospechoso, pero a pesar de ello debido a mi adicción al trading y con la esperanza de recuperar el dinero perdido seguí abriendo posiciones. A continuación abrí posiciones cortas (apostando por la caída del precio) bitcoin-dólar a principios de Octubre del 2017, lo cual no solamente no se produjo, sino que el precio del bitcoin el 12 de Octubre del 2017 alcanzó los $5.381,59, superando ampliamente los $5.000 por bitcoin. El 21 de Noviembre del 2017 alcanzó un precio máximo de cotización de $8.359,80. Una subida exponencial de precio en poco más de un mes desde el 12 de Octubre en que superó los $5.000 de cotización.

Los traders habituales saben bien de la extrema volatilidad de las criptomonedas, como se denominan a las monedas digitales como el bitcoin, pero no tantos conocen o se han dado cuenta de su controlada o extraña forma de fluctuación de precios, a pesar de su mucha más breve historia de cotización en el mercado de divisas Forex, que el resto de divisas tradicionales. Así pues estuve observando las fluctuaciones de precios y las velas japonesas (indicadores gráficos creados en Japón con forma de velas que indican precio de apertura, de cierre, precio máximo y mínimo alcanzado en un periodo de tiempo determinado por un activo financiero) principalmente en gráficos de una hora, en este último periodo de la primera quincena de Octubre en la cual abrí mis posiciones cortas bitcoin-dólar americano, y observé que el precio del bitcoin subió exponencialmente a pesar de que durante más de dos días en el gráfico de 1 hora de velas japonesas, se formó un claro triángulo descendente, que es un patrón que indica continuación de la tendencia del momento, que en aquel entonces era la caída del precio del bitcoin-dólar estadounidense; sin embargo al contrario el precio del bitcoin subió. Lo extraño es que contra más horas el precio de un activo cae, más probable es que siga cayendo, pero en este caso a pesar de que más de 48 velas japonesas de una hora formaron un triángulo descendente, el movimiento no siguió bajando sino que subió.

Observé varias divergencias bajistas, es decir en aquellos momentos en que el bitcoin subía de precio, indicadores como los osciladores Estocástico o el MACD indicaban una tendencia contraria a la baja (confirmado por varios traders expertos en la web www.tradingview.com). A menudo también el RSI solía indicar que el par bitcoin-dólar estaba sobrecomprado, con un valor por encima de 70, lo cual significa que se producía un alto grado de operaciones de compra durante el día, y que por lo tanto el riesgo era que el precio de este par cambiara de dirección a la baja. También era casi imposible hacer alguna previsión futura sobre la dirección de fluctuación del precio bitcoin-dólar, porque a menudo se formaban patrones de hombro-cabeza-hombro que indicaban una caída del precio, para inmediatamente formarse un hombro-cabeza-hombro inverso que indicaba la subida del precio del par bitcoin-dólar. Era como si la persona al otro lado del ordenador se estuviera riendo de uno y tomándole el pelo.

Además a menudo el precio del bitcoin superaba una resistencia con fuerza y facilidad pasando 20 puntos por encima de ella, para luego retroceder y cotizar durante varias horas por debajo de la resistencia. Esto es lo que se llama a menudo una falsa ruptura, es decir, el precio sobrepasa un soporte o resistencia para luego moverse en sentido contrario, engañando a los traders, y a menudo barriendo y haciendo saltar los Stop Loss o puntos de detención de pérdidas de los inversores.

Además en análisis técnico se suele explicar que a mayor cantidad de evidencia, es decir, agrupaciones o patrones gráficos de velas e indicadores técnicos que indican que el precio irá en un sentido, más probable es que el precio vaya en esa dirección.

En este caso a pesar del patrón de triángulo descendente que presencié, relativo bajo volumen de nuevo capital invertido, divergencias en los osciladores estocástico y MACD, índice RSI con valor de 70 o más indicando nivel sobrecomprado, el bitcoin ha seguido subiendo de forma exponencial hasta el día 8 de Noviembre del 2017 que ha alcanzado un precio de $7882,99 por bitcoin, sin ningún retroceso en el gráfico de velas japonesas de un día.

Esta vez en la subida del precio del par bitcoin-dólar americano desde principios de Octubre hasta el 12 de Octubre del 2017, el bitcoin ya no ejercía de líder de las demás monedas digitales, y así mientras que el precio del bitcoin subía, el precio de las demás monedas digitales bajaba rápidamente. Esto me chocó, porque hacía menos de un mes las demás monedas digitales seguían la dirección del movimiento de precio del bitcoin. Lo cual me hizo pensar todavía más en el control de precios por parte de unos pocos inversores realizando operaciones de alto volumen de capital, y usando ordenadores que analizaban los gráficos de precios y ejecutaban órdenes de gran volumen muy rápidamente en tan solo fracciones de segundo, utilizando algoritmos complejos. Incluso llegué a sospechar que simplemente habían cambiado el algoritmo a la hora de ejecutar sus operaciones, para que actuaran en contra de lo esperado frente a la aparición de patrones de precios o de lo indicado por osciladores como el estocástico, el RSI o el MACD, o que habían cambiado el algoritmo para que en este caso el bitcoin ya no fuera la criptomoneda líder que determinaba la dirección de fluctuación de las demás criptomonedas.

Respecto al hecho de que el precio del bitcoin subía mientras que el resto de criptomonedas estaban en números rojos, leí una noticia curiosa e inverosímil: que un gran inversor había cometido una equivocación a la hora de invertir, haciendo caer el valor de todas las monedas excepto la del bitcoin. La noticia entraba en más detalles, pero la idea principal es que un inversor "había cometido un error" y sonaba muy probablemente a noticia falsa.

También respecto al bróker online con el que operé con criptomonedas, a pesar de su buena reputación, al abrir posiciones de compra o venta no me permitía establecer en su plataforma de trading el valor de "Take Profit" (toma de ganancias) que yo deseaba. A veces me indicaba que el Take Profit estaba demasiado cerca o demasiado lejos del precio de cotización del momento, lo cual me obligaba a abrir y utilizar su App de trading más a menudo para consultar el precio de cotización de los pares en los que tenía abiertas posiciones. Obviamente, ésto último casi seguro se debe a la razón de que contra más expuesto está alguien a los gráficos o más consulta los precios de sus posiciones de trading, más tentado está a volver a invertir, o a abrir

posiciones nuevas para contrarrestar las pérdidas o aumentar las ganancias.

Básicamente es una técnica basada en la psicología humana con el fin de aumentar el número de posiciones abiertas de un trader, maximizando las ganancias del bróker en base a spreads (diferencia entre el precio de compra y de venta), comisiones, apalancamiento ofrecido y posiciones contrapuestas a las posiciones perdedoras de los traders.

Así pues éstas son algunas de mis experiencias en el trading que me llevaron a perder todos mis ahorros acumulados de trabajo con el sudor de mi frente de 10 años.

Obviamente la culpa fue 100% mía, al dejarme llevar por mis sentimientos, la codicia del dinero, cayendo en la adicción y la ludopatía por intentar recuperar las pérdidas, realizando una pésima gestión del capital y de análisis riesgo-beneficio.

Por regla general, recomiendan no arriesgar más del 1% del capital en cada posición, y no dejar que las pérdidas por posición superen el 2% de todo el capital disponible, pero yo simplemente seguí abriendo posiciones perdedoras, pasando de la gestión del capital y de la gestión del riesgo-beneficio.

3

Marketing engañoso

Existe la regla en trading del 90-90-90, que quiere decir que el 90% de traders, pierde el 90% de su capital de trading en 90 días o menos. Por lo que la gran mayoría de traders pierde su dinero en poco tiempo, y así es necesaria una rotación de nuevos inversores que aporten nuevo capital y ganancias para los brokers y el resto del sistema.

Los brokers de trading ganan dinero en base a "spreads" (horquillas en español), o la diferencia entre el precio de compra y de venta al que venden los activos, en base a comisiones por operación en muchos productos financieros excepto en el mercado del Forex y en base al apalancamiento que proporcionan, es decir, la posibilidad de que con un capital pequeño poder multiplicar las ganancias, o pérdidas si la posición es perdedora.

El apalancamiento es simplemente un préstamo que el bróker hace a los traders para que éstos puedan aumentar sus ganancias, pero desafortunadamente también pueden aumentar sus pérdidas. Este préstamo que el bróker hace a los traders minoristas es con una tasa de interés superior, al cual los bancos de inversión prestan el dinero a la compañía bróker para mantener su negocio, y así el bróker gana la diferencia entre un préstamo más barato que recibe y el préstamo más caro que hace a sus clientes.

Finalmente algunos brokers llamados market makers o creadores de mercado también ganan dinero tomando la posición contrapuesta de aquellas posiciones perdedoras de los traders. Es decir, si el trader compra, entonces el bróker vende y viceversa, ganando el bróker en este caso la pérdida de su cliente, lo cual puede ser muy beneficio muchas veces para el bróker porque según la regla del 90-90-90, el 90% de nuevos traders pierden el 90% del capital en menos de 90 días como se ha dicho.

Por lo tanto para poder maximizar las ganancias de los brokers en base a spreads, comisiones, apalancamiento y ganancias por tomar la contrapartida en posiciones perdedoras de clientes, es necesario incentivar a los nuevos traders a invertir cuantas más veces posible y la cantidad más grande de capital posible. Y la única forma de captar nuevos traders continuamente es a través de invertir mucho dinero en marketing, capital que proviene de las ganancias que tienen los brokers, marketing que como hemos visto en mi testimonio es a menudo engañoso.

El marketing del trading o de las inversiones en mercados financieros se realiza sobretodo a través de la invitación a talleres, cursos, seminarios o webinarios de formación de análisis fundamental y técnico.

Razones por las que el marketing de trading e inversión en mercados financieros es altamente efectivo:

1. Trucos de marketing fraudulento que se suelen utilizar:

a) Traders que hacen muchas operaciones con un apalancamiento muy alto

(aportan una parte del capital con la posibilidad de ganar o perder mucho más de lo invertido), y solamente muestran como prueba de resultados aquellas operaciones con ganancias, y como han utilizado mucho apalancamiento,

obviamente son ganancias muy altas, con respecto al capital invertido.

También están aquellos traders que tienen dos cuentas, una en que abren

posiciones en largo, y otra cuenta en que abren posiciones en corto, para luego enseñar solamente aquellas operaciones ganadoras.

b) Inversores que envían e-mails a un número elevado de potenciales clientes, consiguiendo sus direcciones de e-mail pagando por esta base de datos. A una mitad les indicará que el precio de un determinado activo financiero subirá y a la otra mitad que bajará. Luego a la mitad que le envió el e-mail con el movimiento del precio correcto, les enviará otro e-mail diciendo que el precio de un activo subirá y a la otra mitad que bajará. Así pues al grupo de personas al que se les envía tres e-mails acertando las tres veces la dirección en la que irá el precio de un activo financiero, cae en la trampa pensando que la persona que les envió el e-mail realmente es un trader experto, y fácilmente comprarán de él o ella cualquier sistema de trading o estrategia que promocione.

c) Personas que pagan por anunciarse en TV o en la radio, lo cual les hace parecer como expertos en un tema, ya que por defecto solemos tender a pensar que cuando alguien habla o anuncia algo en particular por estos medios de masas, es porque necesariamente es un experto en ello. Además cualquier

anuncio en internet que indique "Anunciado en TV" obviamente captará más clientes y venderá más.

d) La técnica de la "honestidad". Consiste en decirte algo negativo y chocante sobre el sector o industria en el que trabajan, pero sincero, por ejemplo, que los mercados financieros sí están manipulados o que el análisis técnico es casi como un juego de azar, o explicar y advertir de que se tenga cuidado con los conflictos de intereses que hay entre los distintos actores en el mundo del trading o en los mercados financieros, para así ganar nuestra confianza y decir finalmente que a pesar de todo ellos tienen un sistema que funciona.

2. Promocionan algo que tiene apariencia de ciencia: formación en análisis fundamental y técnico, los cuales no funcionan, sino que sirven simplemente de enganche. En realidad se trata simplemente de una "pseudociencia", como lo es la astrología, que pretende predecir el futuro de las personas a través de la posición de las estrellas, según la fecha de nacimiento de aquéllas, tratándose en el caso del análisis fundamental y del técnico, como veremos después, de una pseudociencia

también en la que a través de noticias y gráficos, se puede "teóricamente" predecir los movimientos de precios futuros con más probabilidad.

3. La formación en análisis fundamental y técnico se ha expandido mucho, y multitud de traders la utilizan, por lo que los novatos en este campo llegan a la conclusión de que si la mayoría utilizan estos análisis es porque realmente funcionan.

4. La formación sobretodo en formato online o por internet es en la mayoría de casos gratis y muy abundante, por lo que es fácil empezar a aprender y a introducirse en este mundo. Pero por otro lado el novato en este mundo simplemente se siente a menudo perdido y sobresaturado por un exceso de información, y no sabe qué formación de trading escoger o por dónde empezar, debido a la sobreabundancia de seminarios, webinarios, cursos presenciales y online, etc.

5. Hay multitud de indicadores técnicos que han aparecido como setas, lo cual demuestra que en algún momento parecían funcionar y después dejaron de

funcionar, o simplemente pasaron de moda. Esta multitud de indicadores lleva a la confusión a muchos inversores novatos que no saben cuál utilizar, mientras que en realidad la mayoría de traders solamente utilizan unos pocos.

6. Muchas compañías bróker que promueven este marketing están legalmente registradas y reguladas por la comisión nacional correspondiente, como en el caso español por la Comisión Nacional del Mercado de Valores, con un servicio de atención al cliente que funciona decentemente, y por personas que en los talleres presenciales van vestidos formal y elegantemente, por lo que raramente se pone en duda la formación o cursos que promocionan. Es decir, la imagen que venden estas compañías brokers y sus educadores es de seriedad y profesionalidad, lo cual incentiva a confiar en ellos.

7. Este marketing también se realiza a través de ofrecer en muchos casos estrategias y alertas de inversión gratis. Con estrategias me refiero al hecho de que te indican basado en patrones gráficos de precios, qué activos comprar o vender, a qué precio comprar y vender y en qué punto establecer el Stop Loss (punto de parada de pérdidas) y los Take Profits (punto de toma de ganancias). Referente a las alertas de inversión es el hecho de subscribirte a una lista en la que te envían e-mails, WhatsApps o mensajes a tu móvil conforme ha habido una noticia

relevante o/y se está formando un patrón de análisis técnico y entonces te recomiendan una estrategia de inversión según este patrón: por ejemplo, según el triángulo ascendente que se esta formando en el Euro-Dólar, se podría comprar a este precio, vender a éste otro, cortar pérdidas en este punto si el precio se mueve en tu contra, y obtener ganancias en este otro punto.

Como comenté en mi testimonio muchas estrategias que me propusieron y que probé en cuentas demos, o alertas de inversión (en concreto de Autochartist) que probé en cuenta real, resultaron en pérdidas un mínimo de 50%. Lo cual nos lleva a pensar en lo siguiente:

a. Si las compañías bróker que ofrecen la formación, ofrecen estrategias o alertas que muchas veces son perdedoras, ¿cómo puede uno fiarse de que la formación que imparten sea válida, si ellos mismos no parecen saber bien como funciona el mercado?

b. Si nos ofrecen estrategias o alertas de trading con el fin de promocionar más inversión por parte de sus clientes, ¿no podrían estar enviando señales falsas en caso de que se trate de un bróker de tipo "market maker", que en muchos casos gana en contrapartida cuando su cliente pierde?

8. Información contradictoria: "Aviso de riesgo: La CNMV considera que los productos ofrecidos por la compañía son difíciles de entender y no son adecuados para inversores minoristas debido a su complejidad y riesgo." Es decir, como con el tabaco, no lo recomendamos a inversores minoristas, pero se lo anunciamos y vendemos igual, lo cual resulta en un mensaje contradictorio, estén o no obligados a advertir del riesgo inherente al trading.

9. Las presentaciones de compañías bróker no suelen hablar del tipo de bróker que son para no asustar a la audiencia con estos detalles. Es decir, si el bróker es de tipo: ECN, STP, que son los que no tienen mesa de operaciones, o es un bróker Dealing Desk (con mesa de operaciones), éstos últimos también llamados "market makers". En el caso de los market makers o creadores de mercado, éstos a menudo pueden abrir posiciones contrapuestas a la de sus clientes, es decir, si sus clientes compran ellos venden, proporcionando liquidez al sistema, pero también tienen conflictos de interés con sus clientes, ya que ganan más si sus clientes pierden. Incluso a veces hay brokers que se definen como STP o ECN sin mesa de operaciones, pero en realidad actúan como market makers, como explicaré en el siguiente apartado de actores de los mercados financieros.

De hecho sería bastante útil que en sus presentaciones y formación impartida las compañías bróker para aumentar la transparencia, explicaran estas diferencias de los tipos de bróker que existen, y qué tipo de bróker son ellos mismos, para que así el potencial o prospecto cliente pueda elegir el tipo de bróker que más le convenga, y con el que se sienta más cómodo y seguro operar.

Desafortunadamente rara vez explican estos conceptos en las primeras toma de contacto con nuevos traders.

10. Incluso hay grandes webs como www.investopedia.com o compañías, a las cuales agradezco su información para poder escribir este libro, de gran seriedad y buena reputación, que ofrecen formación e información de tipo financiera, económica o de inversión, pero también viven de promocionar sus propios cursos, servicios o productos, por lo que también tienen conflictos de intereses en presentar el mundo del trading y de los mercados financieros, como una ciencia o arte atractivo en el que se puede ganar dinero si se estudia y practica lo suficiente.

11. Contratos IB (Introducing Broker) de Introducción al Bróker.

Los formadores y educadores en los cursos presenciales, webinars o seminarios online tienen contratos IB, de introducción al bróker. Esto es así porque por ley los brókers tienen que hacer contratos IB a las personas que presentan sus compañías o las plataformas que estos brókers utilizan. Los formadores o educadores cobran generalmente por comisión en relación al número de nuevos traders que abren una cuenta con el bróker para el que trabajan y que operan en esta cuenta.

Así pues los formadores y educadores a menudo también tienen un especial interés en incentivar a nuevos traders a que abran cuentas con el bróker, y a que operen en cuentas reales cuantas más veces y con cuanto más capital mejor, pues así las ganancias del bróker son mayores y ellos reciben comisiones mayores.

Por lo que es frecuente encontrarse con formadores que contarán historias de que hicieron mucho dinero invirtiendo en este activo o en aquél, o te enseñarán fotos y vídeos en casas y coches de lujos, cuando simplemente lo que han hecho es alquilar estas casas o coches por un día, o haciendo vídeos de esta casa desde el exterior durante meses para parecer que son dueños de ellas. De esta manera intentan vender la idea de que uno puede conseguir la vida que ellos tienen, si se siguen sus consejos, distrayéndonos de la realidad, que es el hecho de que la mayoría de nuevos traders pierden dinero.

Otros contarán historias falsas de que han sido traders profesionales, pero la verdad es que un trader profesional es aquél que gestiona el capital de otros inversores en bancos de inversión, fondos de compensación, fondos de pensiones, etc. y lo hace de forma regulada, y como profesional regulado tiene que aparecer en la lista de personas del organismo regulador de los mercados financieros del país

correspondiente, en caso de España, por ejemplo, en la lista correspondiente de la web de la Comisión Nacional del Mercado de Valores (CNMV).

Por otro lado también hay fórums en internet de trading e inversiones en los que miembros de mayor antigüedad y clasificados como miembros expertos o similar, invitan a abrir cuentas con este o aquel bróker, pero la verdad es que muchos de estos miembros expertos del fórum son también agentes IB, que cobran comisiones por llevar nuevos traders al bróker, y simplemente su enlace de recomendación a la web del bróker, es un enlace de afiliado con un número de seguimiento para que el bróker pueda saber el agente IB que introdujo a este nuevo trader a la web del bróker.

También hay plataformas denominadas de trading social, en las que suelen ofrecerte la posibilidad de externalizar tus operaciones a un sistema automático de trading, que teóricamente a veces sigue un algoritmo basado en las mejores prácticas de los traders de éxito de la plataforma, pero como muchas veces los traders de éxito de la plataforma son simplemente agentes IB, pues simplemente se está dejando nuestro dinero en manos de esos agentes, que quieren cobrar comisiones del bróker para el que trabajan.

Así pues, a mí mismo una plataforma de trading social me ofreció la oportunidad de a través del capital que tenía a disposición en una cuenta abierta con un bróker online, y con el cual la plataforma de trading social tenía un acuerdo, poder automatizar mis trades (operaciones de trading) con un sistema algorítmico basado teóricamente en las mejores prácticas de trading de las personas de más éxito de la plataforma social. Por lo que muy posiblemente esta plataforma de trading social, o los mejores traders de esta plataforma o ambos tienen un acuerdo IB con este bróker. Curiosamente en esta plataforma de trading social no te ofrecen la oportunidad de abrir una cuenta demo de trading automática, para comprobar si realmente funciona este sistema.

4

Actores de los mercados financieros a tener en cuenta

I.

Las lonjas de cambio centrales, las alternativas y el Interbank del Forex Para saber como funcionan los mercados financieros primero es necesario saber quienes controlan las lonjas de cambio (exchanges en inglés) centrales:

Desafortunadamente son solamente dos empresas las que controlan las lonjas de cambio centrales, siendo el New York Stock Exchange (NYSE) la de más volumen de capitalización bursátil mundial.

1. Intercontinental Exchange que es dueño del NYSE y del Euronext (lonjas de cambio de Amsterdam, Bruselas, Londres, Lisboa y París).

2. Chicago Mercantile Exchange que es dueño del Chicago Board of Trade (CBOT), del New York Mercantile Exchange (NYMEX) y del COMEX. COMEX en este caso es la fusión en 1994 del New

York Mercantile Exchange y del Comex Inc. (donde en el pasado se hacía trading con metales), siendo el COMEX en la actualidad la lonja de cambio más grande de trading de futuros.

Desafortunadamente por un lado estas dos empresas controlan varias lonjas de cambio con mucha capitalización bursátil, pero afortunadamente no son las únicas lonjas de cambio existentes en el mercado, ni los únicos lugares donde se operan con grandes volúmenes de capital en los mercados financieros. Incluso hay compañías privadas de trading de alta frecuencia que operan con más acciones que el New York Stock Exchange por día, como Citadel Group, por lo que su control es relativo.

Además existen otras lonjas de cambios no oficiales, mal llamadas "piscinas oscuras"

o "piscinas de liquidez" que proporcionan liquidez y la posibilidad de abrir y cerrar posiciones de inversión a grandes inversores que quieren evitar que otros traders se den cuenta de sus operaciones, por entre otros motivos, para que no se adelanten a sus operaciones sacando un beneficio.

Por otro lado tendríamos el mercado Forex (Foreign Exchange) de divisas, que es un mercado que se extiende por los 5 continentes, no siendo un mercado centralizado, y que está mayormente controlado por el mercado Interbancario (Interbank), que son los intercambios de divisas entre bancos e instituciones financieras, excluyendo a los inversores minoristas. Una pequeña parte del trading interbancario lo hacen los bancos de parte de sus grandes clientes, pero la mayoría del trading interbancario es propietario, lo cual significa que se realiza para las ganancias de los propios bancos.

El volumen de capital que mueve el Interbank en el mercado Forex es alrededor de un 50% del total. Cada una de sus operaciones debe de ser de un mínimo de capital de

$5 millones, pudiendo llegar a ser de $1 billón por operación. En cuanto a los peces gordos del sistema interbancario encontramos a

JP Morgan Chase en los Estados Unidos, Deutsche Bank en Alemania, y HSBC en Asia.

El mercado Forex es el más líquido y el que mueve más volumen de capital, pudiendo llegar a alcanzar un volumen de $6 trillones por día.

II.

Los brókers

¿Qué son los brókers?

Los brokers son agentes indispensables en los mercados financieros, al menos de momento, ya que la función de los brókers es hacer de mediadores entre el inversor privado y los mercados financieros, ya que desafortunadamente los inversores, compañías o instituciones privadas no pueden invertir directamente en los mercados financieros, sino a través de un bróker que tiene una licencia registrada para poder hacerlo.

Además de hacer de mediadores los brókers, también tienen la función de aportar liquidez a los mercados financieros, es decir, que las operaciones de compra y venta se puedan realizar lo más fluidamente posible, facilitando en la medida de lo posible que siempre haya vendedores cuando alguien compra y viceversa. Porque sin una posición contrapuesta de compra y venta a la inicial, simplemente los mercados financieros se moverían de forma lenta y poco eficiente, desalentando a nuevos inversores.

También estos brókers ayudan a suavizar y moderar las fluctuaciones de precios, en parte gracias a que la mayoría de ellos actúan con ordenadores muy potentes que abren y cierran posiciones a gran velocidad siguiendo algoritmos complejos, proporcionando liquidez al sistema. A mayor liquidez normalmente se produce menos volatilidad de precios. Además utilizando sus potentes ordenadores, dividen a lo largo del día, grandes inversiones de capital en varias operaciones, para que de esta manera no afecten de forma brusca a la fluctuación de la cotización de los precios.

Tipos de brókers

Hay varios tipos de brókers actualmente. Podríamos hacer una primera distinción entre:

1. Brokers tradicionales: utilizados por gente que no quiere hacer operaciones a través de internet y que prefieren operar por teléfono como antiguamente, siendo a menudo personas de avanzada edad y con alto nivel económico.

2. Brokers online: que utilizan internet para ofrecer sus servicios y cada vez son más numerosos. También suelen tener personal y una plataforma operativa para ejecutar órdenes por teléfono.

Y otra distinción muy resumida podría ser:

A. Brókers STP (Straight Through Processing) y ECN (Electronic Communications Network), que también son los llamados brókers No Dealing Desk (sin mesa de operaciones). Estos brokers ejecutan órdenes automáticamente utilizando una red más o menos extensa de proveedores externos de liquidez, (como otros bancos, instituciones financieras, compañías de trading, otros traders, etc. que pertenecen a esa red, etc.) que tomarán las posiciones contrapuestas a sus clientes, es decir si los clientes del bróker compran, estos proveedores externos de liquidez venderán para garantizar que haya liquidez en el sistema.

B. Brókers market makers (creadores de mercado) o brókers Dealing Desk (en español se traduce brókers con mesa de operaciones) que tienen su propia red interna de liquidez compuesta de sus propios clientes. Así pues cuando un trader abre una posición, el bróker market maker mediante sus potentes ordenadores y dentro de su propia red de liquidez, buscará otros clientes suyos interesados en abrir la posición contrapuesta. Si no pudiera encontrar otro cliente o inversor que tome la contrapartida, es decir que compre cuando otro cliente vende o viceversa, entonces el propio bróker market maker tomará esta posición. A veces estos brokers market makers compensan el riesgo inherente a tomar la posición de trading contrapuesta del cliente, pudiendo perder dinero si el cliente lo gana, con opciones de compra o venta o productos derivados diversos que se convierten en una especie de seguro contra pérdidas.

Los brókers market makers o creadores de mercado tienen esta serie de ventajas:

☐ La plataforma de trading normalmente viene con software gratis de gráficos y sistemas digitales automáticos de noticias "news feeds"

☐ Algunos de estos brokers tienen plataformas de trading muy fáciles de usar.

☐ Los precios de los pares de divisas pueden ser menos volátiles comparadas con los precios de los pares de divisas que muestran los brókers ECNs,

aunque ésto puede ser una desventaja para los traders que operan en franjas de tiempo muy pequeñas, de minutos o incluso segundos (scalpers).

Desventajas:

☐ Los brókers market makers pueden presentar un claro conflicto de interés en el orden de ejecución de las operaciones porque puede que inviertan en contra tuyo.

☐ Puede que muestren peores precios de compra o venta de los que podrías obtener de otros market makers o brókers ECN.

☐ Es posible que los brókers market makers manipulen los precios de los pares de divisas para hacer saltar los "Stop Loss" de sus clientes, o que no dejen que las posiciones de los clientes alcancen los objetivos de ganancias o "Take Profits" establecidos. Además los brókers creadores de mercado pueden variar los precios de compra y venta de los pares de divisas 10 o 15 puntos de los precios de otros brókers creadores de mercado.

☐ Gran cantidad de órdenes pueden ser ejecutadas a diferente precio del deseado por el cliente cuando se publican noticias. Las aplicaciones que muestran precios de compra o de venta de pares de divisas u otros activos financieros, y los sistemas de recogida de órdenes pueden también colgarse durante

momentos de alta volatilidad en el mercado.

☐ Muchos brokers market makers ponen limitaciones a las prácticas de trading con operaciones que se cierran en segundos o minutos (scalping), y tienen tendencia a poner a los "scalpers" en ejecución manual, lo que significa que sus órdenes pueden no ejecutarse a los precios que desean.

De hecho como mencioné en el apartado de mi testimonio esta fue mi experiencia con la App para móvil de la plataforma de trading de uno de mis brokers online: su App a menudo se colgaba y se cerraban posiciones con ganancias antes de que alcanzasen el punto de "Take Profit" establecido anteriormente por mí. Así pues aunque este bróker indica en su web que es del tipo STP, y no un bróker market maker, el

funcionamiento de su plataforma de trading y de su App de trading era el típico funcionamiento de la plataforma de un broker market maker. Por lo que entramos en el concepto de falsos brókers STP y ECN, que se califican a sí mismos así, pero que actúan como creadores de mercado en contra de sus clientes. También podría ser el caso de que estuvieran usando un sistema mixto en el que con cuentas más pequeñas de traders minoristas como las mías, operen como market makers, y con cuentas más grandes operen como brokers STP o ECN. Sea lo que sea, el funcionamiento de su plataforma y App de trading, no era satisfactorio, ni lo que se esperaría de un bróker STP. Por cierto, respecto al mal funcionamiento de su plataforma de trading, nunca me respondieron nada al e-mail que les envié.

III.

Traders de alta frecuencia (High Frequency Trading o HFT).

1.a. El trading de alta frecuencia (TAF) es usado a día de hoy tanto por bancos de inversión, fondos de pensiones, fondos de compensación y también por compañías privadas.

El trading de alta frecuencia utiliza complejos algoritmos que generan potentes ordenadores a través de programas específicos. Un algoritmo es simplemente una serie de instrucciones para llevar a cabo una tarea o solucionar un problema. El trading algorítmico usa estas computadoras para seguir series de instrucciones, mucho más precisa y eficientemente que un ser humano, generando señales de compra y venta, y actuando en consecuencia en base a esas señales para poner una orden. La ejecución de la orden es un componente clave en el proceso de inversión, y se aplica mucho tiempo y esfuerzo para lograr la mejor ejecución.

Los traders de alta frecuencia han dominado el mundo de las inversiones en activos financieros en los últimos 10 años. Durante 2009-2010, entre un 60% a un 70% del trading en Estados Unidos se atribuía a los traders de alta frecuencia, aunque ese porcentaje ha declinado en los últimos años.

Según informa Bloomberg, mientras en el 2010 el trading de alta frecuencia (TAF) representaba más del 60% de todas las inversiones en los mercados de acciones, en el 2013 ese porcentaje había caído a aproximadamente el 50%. Bloomberg indicó además que mientras que en el 2009 los traders de alta frecuencia movían alrededor de 3,25 billones de acciones en un día, en el 2012 movían solamente alrededor de 1,6

billones de acciones en un día, y las ganancias medias habían caído desde un décimo de penique por acción a una veinteava parte de penique por acción. Esta caída en el volumen del TAF y en sus ganancias puede explicarse debido a la alta competencia entre actores que utilizan el trading de alta frecuencia, a los altos costes de mejora y mantenimiento del hardware y software necesario, los altos costes de alquiler de los locales (a menudo buscan alquilar los locales más cercanos a las lonjas de cambio para que sus órdenes se ejecuten antes que las de la competencia, aunque sea solamente por fracciones de segundo), y a la imposición de tasas y cargos extra a los traders de alta frecuencia por organismos reguladores.

El trading de alta frecuencia está dominado según un informe de Deutsche Bank del 2011 por:

1. Empresas de trading privadas como KWG Holding con un 48% de cuota. De hecho Citadel Group, una compañía de trading de alta frecuencia en Chicago, hace más operaciones de inversión en acciones cada día que el New York Stock Exchange (NYSE). De hecho como aparece en un vídeo de Youtube opera con más de 21 millones de acciones en menos de tres minutos.

2. Por las mesas de operaciones privadas de brókers-inversores que ofrecen diferentes servicios en un 46%.

3. Por fondos de compensación en aproximadamente un 6%.

Así pues aunque recientemente haya caído el volumen operado por los traders de alta frecuencia, sigue siendo un volumen alto.

Los traders de alta frecuencia no solamente pueden tomar mejores decisiones y ejecutar órdenes más rápidamente que la mayoría de traders minoristas, sino que además pueden aspirar a mover los precios gracias al gran volumen de capital que suelen invertir. Así pues grandes representantes del trading de alta frecuencia son compañías de trading privadas como KWG Holdings (formada de la fusión entre Getco y Knight Capital), y las mesas de operaciones de grandes compañías institucionales como Citigroup (C), JP Morgan (JPM), Goldman Sachs (GS).

Sin embargo a pesar de usar ordenadores rápidos y potentes, el ratio de éxito en el trading de alta frecuencia es bajo, debido a errores en los algoritmos que implementan. Entonces si ni siquiera el trading de alta frecuencia garantiza resultados porque sus algoritmos fallan. ¿Entonces qué posibilidad tiene un inversor corriente de tener un porcentaje de éxito alto en el trading? O también podemos llegar a la conclusión siguiente: si ni siquiera con ordenadores rápidos y potentes utilizando complejos algoritmos se obtienen tan buenos resultados en trading, posiblemente no haya ninguna fórmula que nos garantice el éxito en el trading, y simplemente se trate de una especie de juego de azar más con apariencia de ciencia.

Por otro lado, otra ventaja que los traders de alta frecuencia tienen sobre los inversores estándares es que generalmente pagan miles de dólares por lo que se llama

"colocación", o el hecho de alquilar locales lo más cerca posible de los servidores de intercambio, llegando así a ver flujos de órdenes y cotizaciones de precios fracciones de segundo antes que el resto. Esta ventaja de disponer de información fracciones de segundo antes que el resto les permite obtener ganancias de millones o billones de dólares por año.

Mientras que algunas desventajas más del trading de alta frecuencia para el resto de traders, para los reguladores de los mercados financieros y los legisladores son: 1. Los reguladores de los mercados financieros y los legisladores como el senador Ted Kaufman de Delaware, señalan que, aunque la liquidez se ha visto incrementada en parte por las operaciones de estos traders de alta frecuencia, la transparencia de estas operaciones en cambio disminuye. De hecho, como también expresa Ted Kaufman, quiénes operan exactamente con trading de alta frecuencia y lo que programan que hagan sus computadoras, está más allá de la capacidad de los organismos reguladores de los mercados para controlarlo.

2. Incidentes como el Flash Crash del 6 de mayo de 2010, en el que durante aproximadamente 36 minutos los índices bursátiles, como el S&P 500, el Dow Jones Industrial Average y el Nasdaq Composite, colapsaron y se recuperaron muy rápidamente, todavía continúan ocurriendo hoy en día a niveles más pequeños, causando la ejecución de los Stop Loss de muchos traders y la venta masiva

consecuencia del pánico del resto, provocando así grandes caídas en la cotización de los precios. Las causas de estos colapsos en la cotización de precios están

supuestamente ligadas a algoritmos que funcionan puntualmente de manera errática, aunque la verdadera causa de ellos rara vez es descubierta.

1.b. El mundo del trading de alta frecuencia también incluye "trading de ultra alta frecuencia". Los traders de ultra alta frecuencia pagan por acceso a una lonja de cambio (Exchange) que muestra cotizaciones de precios un poco antes que el resto del mercado. Esta ventaja de tiempo extra lleva a los otros participantes del mercado a operar con desventaja. Esta situación ha llevado a que otros traders hayan hecho reclamaciones de prácticas injustas, y ha producido una oposición creciente al trading de alta frecuencia.

5

Crítica al análisis fundamental

El análisis fundamental es la ciencia que intenta determinar el valor de un activo financiero analizando los factores y noticias económicas que le afectan. Así pues por ejemplo para determinar el valor de las acciones de una empresa privada, analizaríamos los estados de balance de la empresa, la contabilidad, y las noticias sobre la empresa y el entorno económico, político y financiero en el que se encuentra, mientras que en pares de divisas estaríamos pendientes de la situación política y económica del país, de las noticias de los bancos centrales respecto a los tipos de interés, etc.

¿Qué deficiencias presenta el análisis fundamental para determinar el valor de un activo financiero y su futura cotización de precios?

1. En las noticias que afectan a los activos financieros existe lo que se llama

"descontado", que es aquella parte de las noticias que ya se ha incluido y reflejado en el precio, y cuya existencia se descubre cuando nuevas noticias no afectan al precio de este activo, porque ese factor ya estaba incluido en él.

El problema que aporta el "descontado", es que es imposible saber si algún factor que puede influir en el precio de un activo financiero ha sido ya reflejado en el precio. Por esta razón el análisis fundamental deja de ser válido, ya que existe esta parte

"invisible" inherente en él, el descontado, y que es imposible saber si está ya incluido o no en el precio.

2. En el análisis fundamental lo importante no son los datos o las noticias económicas y financieras en sí, sino la forma en que éstas son interpretadas. Por esta razón, es todavía más difícil basar decisiones de inversión en el análisis fundamental, ya que la forma en que las noticias afectan a los inversores y cómo son interpretadas es imposible saberlo de antemano. Así pues hay noticias, que parecen producir un efecto contrario al esperado o al más lógico, porque "en teoría" han sido mal interpretadas por los inversores. Por ejemplo: hay veces en que el director del banco central europeo parece plantear la subida de tipos de interés en una comparecencia pública, lo que generalmente produce una apreciación del precio del Euro frente a otras divisas, pero a veces vemos cómo el Euro en cambio se deprecia frente a otras divisas tras anunciarse la subida de tipos.

3. Relacionado con el punto anterior, si los bancos centrales dejaran que el valor de sus divisas fluctuara según la interpretación de las noticias o los sentimientos de los inversores respecto a alguna divisa, entonces estarían cometiendo un suicidio financiero, ya que el precio de su moneda podría devaluarse tanto que podría llevar a la ruina a un país. Por lo que en un sistema de cambio flotante, en donde los tipos de

cambio de las principales divisas ya no son fijos, sino que dependen de la oferta y demanda existente, es de lógica que los bancos centrales tengan un control fuerte del valor de sus monedas, comprando o vendiendo éstas según les convenga. Por lo que realmente en el mercado Forex, los bancos centrales son los que controlan finalmente el precio de estas divisas como parte de su política monetaria, cuando la ley de la oferta y la demanda no establece los precios más favorables para la economía de su país.

4. Es una práctica corporativa común que los directores y administradores de compañías privadas manipulen los estados de balances de éstas, por lo que el análisis fundamental basado en estos estados de balances para determinar la fluctuación del precio de las acciones de estas empresas a medio o largo plazo, no es tan eficaz, y menos para operaciones a corto plazo.

Las razones principales por las que estos directores y administradores de compañías manipulan estos estados de balances son principalmente tres:

A. En muchos casos la compensación de los altos cargos corporativos está directamente ligada a la actuación financiera de la compañía. Como resultado, los administradores y directores tienen un incentivo directo en pintar una imagen bonita de la condición financiera de la compañía, para cumplir expectativas de actuación establecidas y reforzar su compensación personal.

B. Es relativamente fácil manipular los estados financieros corporativos, porque los organismos financieros internacionales que regulan los estándares de contabilidad, proporcionan una cantidad significante de flexibilidad en las provisiones contables que están disponibles para ser usadas por los administradores y directores corporativos. Para mejor o peor, estos estándares permiten mucha flexibilidad, poniéndoselo muy fácil a los directores y administradores corporativos para que pinten una imagen favorable de la condición financiera de la compañía.

C. Es improbable que la manipulación sea detectada por los inversores debido a la relación entre el auditor independiente y el cliente corporativo. Por ejemplo, en Estados Unidos, las cuatro grandes compañías de contabilidad y unas cuantas compañías de contabilidad regionales dominan el mundo de la auditoría. Mientras que estas entidades se promocionan como auditores independientes, la realidad es que tienen un conflicto de interés directo porque son compensadas por las mismas compañías a las cuales auditan. Como resultado, los auditores podrían estar tentados a romper las reglas de contabilidad para retratar la condición financiera de la compañía en una manera que mantenga a su cliente feliz. Además, los auditores típicamente reciben una cantidad de dinero significante de las compañías que auditan. Por lo tanto, hay una presión implícita para certificar los estados financieros de la compañía con el fin de retener su negocio.

5. La variedad y complejidad de factores que pueden afectar el precio de un activo.

Así pues, aunque en un pasado tras un evento, una noticia o un anuncio, un determinado activo financiero haya generalmente subido o bajado de precio, es imposible prever que vayan a afectar al precio de esta misma manera eventos o noticias similares a este mismo activo en un futuro, porque en la fluctuación de estos precios también hay otros factores como la situación política o económica de un país, que pueden sumarse a las decisiones de inversión. Es decir, tal vez haya una noticia financiera o económica importante, pero el efecto que produzca también depende de otros factores, y puede que otros factores tengan más peso que ese anuncio, noticia o evento. Además con el paso del tiempo los mercados pueden adaptarse a las mismas noticias, puesto que el factor sorpresa o de choque desaparece.

6. La fluctuación del precio de estos activos o productos financieros ante eventos o noticias importantes puede fluctuar de forma tan imprevisible (por ejemplo la comparecencia del presidente del banco central europeo para hablar de los tipos de interés futuros), que muchos traders experimentados recomiendan esperar un tiempo prudente después de pasadas estas noticias o eventos, para que el mercado se calme y vuelva a su normalidad, pudiendo así tomarse decisiones de inversión en "aguas más calmadas".

7. Se pueden producir burbujas no solamente en un mercado financiero en concreto sino en un activo financiero en concreto, es decir, que el mismo no revele la realidad económica subyacente

sino más bien el excesivo entusiasmo de los inversores respecto a este valor financiero: ya sean acciones, divisas, etc. Así pues, la cotización de un producto en muchos casos no revela su valor real, sino más bien este entusiasmo o deseo especulativo de los inversores. Este podría ser el caso actual de valores como las acciones de Tesla, que han pasado de cotizar de $19,20 el 2 de Julio del 2010 a un máximo de $383,45 el 23 de Junio del 2017, es decir una revalorización de 20 veces su valor inicial, mientras que la compañía sigue sin ser rentable a día de hoy, teniendo más gastos que beneficios.

8. Para análisis de inversión, los estados financieros que se usan son la hoja de balance, el estado de ingresos, el estado del flujo de efectivo, las acciones de los accionistas y las ganancias retenidas. Pero hay que tener en cuenta que la contabilidad es un arte, y no una ciencia. Lo que significa que la presentación de la posición financiera de una compañía, como queda reflejada en sus estados financieros, es influenciada por las estimaciones y juicios de la administración de la compañía. En el mejor de los casos, la administración será totalmente honesta, mientras que los auditores externos serán exigentes y estrictos. Pero la realidad, que ya hemos comentado anteriormente, es que los auditores externos suelen estar influenciados por conflictos de intereses respecto a la compañía a la que auditan y que les paga. En cualquier caso, la imprecisión que se puede encontrar de forma inherente en el proceso de contabilidad significa que el inversor prudente debería acercarse a los análisis de estados financieros de manera escéptica y con ánimo de averiguar más.

Así pues estos estados financieros en el fondo son de limitado rigor para tomar decisiones de inversión ajustadas.

6

Mercado Primario y Secundario de Acciones

Es importante explicar que en el mercado de acciones existen dos mercados: el primario y el secundario.

El mercado primario se inicia con una Oferta Pública Inicial, IPO, por sus siglas en inglés, donde las acciones o valores de la compañía se venden, principalmente a bancos de inversión o grandes inversores. La compañía utilizará el dinero que obtiene de la IPO para su crecimiento.

Posteriormente estas acciones se pueden vender o comprar en el mercado secundario, donde ya pueden participar los inversores minoristas también, posibilitando de esta manera que los compradores de las acciones de la IPO, puedan venderlas cuando necesiten de capital. Pero una vez estas acciones empiezan a cotizar en bolsa, la compañía no recibe para el crecimiento de la misma del capital de la compra de sus acciones por otros inversores.

Así pues, cuando las acciones cotizan en bolsa, realmente no benefician de manera directa económicamente a la compañía, sino que el valor de su cotización sirve como una especie de marketing de la propia empresa. Así pues una compañía con buena capitalización en bolsa, servirá para atraer también a inversores y clientes para esta compañía fuera del mercado de acciones.

Como se desprende del artículo de la revista financiera "The Economist" de 25 de Octubre del 2017, "Los Mercados Financieros no son toda la economía", por mucho que Donald Trump se jacte de que durante su presidencia en el año 2017, los mercados de acciones han alcanzado varios récords históricos, ya que la cotización en estos mercados no refleja realmente la creación de riqueza o la calidad de vida real.

De hecho los índices de las bolsas de valores estadounidenses han alcanzando a menudo máximos históricos en el 2017, debido al optimismo de los inversores, a pesar de la escalada de tensión por la amenaza nuclear norcoreana, a pesar de una posible ruptura del NAFTA, que es el acuerdo de libre comercio entre Estados Unidos, Canadá y México, y a pesar de los desastres naturales en Septiembre y Octubre del 2017, como huracanes, en el sur de Estados Unidos y países caribeños.

Sin embargo, la cotización de los mercados financieros muestra una parte de la realidad económica, es decir, aquella realidad que tiene que ver con los sentimientos y la percepción de los inversores en relación con la futura cotización de los activos financieros, inversores que son llevados en el caso de la bolsa de valores de Estados Unidos, por un "excesivo optimismo" fruto del crecimiento de la economía actual,

junto con una previsión de inflación baja, pero no exactamente por la realidad económica real de una nación o de una compañía.

7

El caso Tesla

La empresa pionera de coches eléctricos y autónomos, Tesla, presidida por uno de sus famosos fundadores, Elon Musk, también fundador de muchas otras compañías como Paypal, no ha ganado dinero ningún año desde su nacimiento en el año 2003 debido a costes de inversión en fábricas, en concesionarios y centros de carga para poder competir. Así pues desde que salió a bolsa en el 2010, la compañía ha gastado 10.000

millones de dólares hasta el tercer trimestre del 2017. Además el año 2017 está siendo igual o incluso peor, ya que ha gastado todo el flujo de caja libre que tenía disponible más $4.000 millones extra. Además sus deudas no financieras se han disparado, es decir, con aquellos proveedores que no han cobrado.

Por otro lado cada día que pasa Tesla pierde 16 millones de dólares y cada vez tiene más deudas, muchas de ellas con proveedores que no han cobrado como dijimos, y porque tiene que financiar todo el gasto de inversión. También está teniendo problemas de fabricación. Así pues en el tercer trimestre del 2017 solamente han producido 260 coches del modelo 3, mientras que el objetivo es de producir al menos 2.000 unidades de este modelo.

Así pues en cuanto a cifras de producción total, General Motors fabricó 9,98 millones de coches en el 2016, Ford 6,6 millones y Tesla solamente 76.000 coches.

Por otro lado mientras que las ventas de General Motors fueron de casi 170.000

millones de dólares en el 2016, las de Tesla fueron sólo de 10.000 millones de dólares.

Junto a estos problemas de producción también hay problemas de calidad y despidos, añadido al hecho de que prácticamente ya todas las grandes compañías están invirtiendo en producir coches eléctricos y autónomos, es decir la competencia también se mueve.

Así pues en el 2016 el grupo Renault-Nissan fabricó más coches eléctricos que Tesla.

Pero a pesar de todo ello, el valor bursátil de Tesla es de 49,30 billones de dólares en el año 2017, mayor que el de Ford y algo por debajo que el de General Motors, que es de 50,87 billones de dólares en el año 2017, según cifras de Business Insider.

Entonces nos preguntamos: ¿por qué su capitalización bursátil es tan alta si produce y vende pocos coches y además de momento no es una empresa rentable, perdiendo más dinero que gana?

La respuesta se encontraría en que Tesla ha sido la compañía pionera en fabricar coches eléctricos y autónomos, negocio que crece exponencialmente año tras año,

teniendo en el país más poblado de la Tierra, China, su principal cliente, que apuesta fuerte por reducir la contaminación atmosférica en este sentido.

Así pues los inversores relacionan el auge y éxito de la industria del coche eléctrico con Tesla, que es la compañía pionera y símbolo-marca por excelencia de esta industria, junto con la carismática imagen de su popular fundador y visionario, Elon Musk, decidiendo apostar por invertir en esta compañía, lo cual produce que sus acciones suban exponencialmente de valor.

Llegamos a la conclusión de que el valor bursátil de una compañía no es siempre un indicador fiable ni de la rentabilidad ni de la buena salud financiera de una empresa, por lo que a veces un activo financiero puede estar sobrevalorado (burbuja financiera) o infravalorado. Así pues el análisis fundamental de una empresa puede no corresponderse con su análisis técnico (análisis de gráficos), y por lo tanto crear incertidumbre a la hora de invertir, ya que si un inversor pretende confirmar su análisis técnico con el fundamental o a la inversa, pueden producirse contradicciones o divergencias.

En el caso de Tesla la única manera de reconciliar su análisis fundamental de estados financieros con el alto valor bursátil de sus acciones, sería si en el análisis fundamental incluimos también la buena imagen de marca que tiene esta compañía.

8

El caso Bitcoin

Según el artículo de 1 de Noviembre del 2017 en el blog del escritor Buttonwood, que aparece en la revista económica-financiera The Economist, el precio actual del bitcoin frente a otras divisas es una burbuja.

La razón principal por la que los inversores compran el bitcoin es justo porque su precio está subiendo como la espuma. Una de las últimas grandes subidas del precio del bitcoin parece ser debida a que el Chicago Mercantile Exchange (La Lonja de Cambio Mercantil de Chicago) anunció la primera semana de Noviembre que lanzará futuros de bitcoin, es decir la posibilidad de poder comprar o vender contratos de futuros de bitcoin.

Dado el auge de la popularidad y del precio del bitcoin, analizaremos a continuación las razones por las que es atractivo para los inversores:

1. Su oferta total está limitada a 21 millones de bitcoins.

2. Porque recientemente los bancos centrales han utilizado mucho la política monetaria de la "Flexibilización quantitativa" (Quantitative Easing en inglés), es decir comprar activos de los gobiernos o de compañías privadas para aumentar la cantidad de dinero en la economía y bajar los tipos de interés, de esta manera promoviendo el consumo y el crecimiento de la economía, pero provocando una devaluación de la moneda.

3. Por facilitar a los criminales la financiación de sus actividades delictivas de manera anónima.

4. Porque permite que proyectos y empresas nuevos puedan financiarse

internacionalmente por internet.

Estos factores pueden explicar en parte la demanda del bitcoin, pero no su gran incremento en la cotización de precio reciente, ya que la comunidad criminal no parece haber crecido exponencialmente en el pasado reciente, sino que la demanda del bitcoin más bien ha empeorado en el último trimestre del año 2017, si tenemos en cuenta que otras criptomonedas competidoras están surgiendo y no hay signos de inflación global. Así que según Buttonwood, y estoy bastante de acuerdo con ello, el aumento exponencial del reciente precio del bitcoin puede ser explicado en parte por el entusiasmo por esta nueva tecnología, el blockchain o cadena de bloques, y porque parte de los inversores piensan que está tecnología de cadena de bloques se expandirá por todo el mundo financiero. Sin embargo se puede utilizar la tecnología de cadena de bloques también, sin que tenga que ver con el bitcoin, por lo que una mayor

adopción de esta tecnología no está ligada necesariamente a una mayor adopción del bitcoin, y por consecuencia de su aumento de precio.

La explicación más acertada al por qué la gente está comprando bitcoins cada vez más, no es porque quieran utilizarlo como medio de pago, ya que la cotización del bitcoin es muy volátil, y por lo tanto las personas no quieren hacer uso de una moneda que en poco tiempo puede perder o ganar gran parte de su valor, sino que prefieren utilizar una divisa más estable. Entonces la explicación más coherente a la burbuja bitcoin parece ser que la gente lo compra, porque esperan que otros inversores compren sus bitcoins a un precio más alto, es decir, con afán especulativo.

Si todos los inversores pensaran en hacerse ricos comprando bitcoins, entonces el mercado se secaría y el precio del bitcoin se desplomaría. Puesto que los inversores saben que esto puede ocurrir, es muy probable que haya una gran espiral de operaciones de venta de bitcoin en un futuro relativamente próximo, provocando una caída en picado del precio del bitcoin, como ha pasado con los precios de otros activos y mercados financieros en el pasado.

Así pues, vemos otro caso actual en que el análisis fundamental y técnico de un activo no encajan, produciéndose una divergencia entre estos dos análisis, lo cual prueba una vez más que el análisis fundamental no refleja bien la realidad económica de fondo.

9

Crítica al análisis técnico

El análisis técnico es básicamente el arte de basarse en gráficos de precios e indicadores matemáticos para ayudarnos a predecir la posible dirección futura de los precios de uno o varios activos financieros, y así ayudarnos a tomar mejores decisiones de inversión. El origen del análisis técnico lo encontramos en la teoría de Dow, escrita por Down Jones en las editoriales del diario Wall Street Journal entre 1900 y 1902.

Entonces podemos empezar nuestra crítica al análisis técnico así:

a. Según uno de los pilares de esta teoría el precio lo descuenta todo, es decir, en el precio de un valor financiero se encuentran oferta y demanda, inflación y absolutamente todos los demás factores que influyen en él; pero como hemos visto por ejemplo en los casos de las burbujas de precios de Tesla o del bitcoin, los precios no reflejan siempre fielmente la realidad económica y financiera subyacente de un activo.

b.1. "The trend is your friend" (la tendencia es tu amiga). Es una máxima muy difundida en trading. Por regla general a todos los inversores minoristas se les recomienda invertir a favor de la tendencia principal y no en contra. Si la tendencia del precio es a subir, pues debemos comprar, y si la tendencia del precio es a bajar, pues debemos vender. Así pues siempre se nos anima a analizar la tendencia principal, y a comprar o vender siguiendo una estrategia que por general consiste en que cuando el precio supera un determinado punto por encima o debajo (lo que se llama rotura), sea éste una media móvil, la confluencia de varias medias, o sobrepase por encima o debajo de un punto en un indicador, pues se deberá comprar si el precio rompe hacia arriba o vender si el precio rompe hacia abajo de este punto. Pero la verdad es que en muchos casos, que podríamos calcular en aproximadamente un

50%, se producen falsas roturas, es decir, el precio supera estos valores o puntos hacia arriba o hacia abajo pero poco después cambia de dirección. Por esta razón las tendencias no son siempre tus mejores "amigas".

b.2. Los retrocesos de Fibonacci. Sirven en teoría para predecir hasta donde puede llegar el precio de un activo (avances) siguiendo la tendencia en ese momento, y hasta qué porcentaje se corregirá su precio en la fase correctiva (retroceso). Pero el porcentaje exacto de avance y de corrección o retroceso nunca se sabe antes a ciencia cierta, es decir si será del 23.6%, 38.2%, 50%, 61.8% o 100%, ni a menudo suelen producirse avances o retrocesos exactamente en estos niveles, por lo que su utilidad es bastante limitada.

b.3. Como ya indicaba la teoría de Dow, básicamente hay una tendencia primaria o de largo plazo, una de medio plazo y otra de corto plazo. En cada tipo de tendencia hay unas fases correctivas en que el precio se mueve en contra de cada tendencia. Esta teoría fue ampliada por la teoría de las Ondas de Elliott, basada en los retrocesos de Fibonacci, que viene a decir que los precios se mueven siguiendo principalmente 8

ondas, 5 de impulso y 3 de corrección, y cada onda de impulso se subdivide en otras 5, mientras que cada onda de corrección se subdivide en otras 3. Y así se van formando con estas ondas, ondas más grandes cada vez hasta que se completa un ciclo donde el precio sube hasta un máximo y se corrige llegando a un mínimo.

El problema con esta teoría reside principalmente en que es muy difícil o imposible adivinar exactamente en qué onda estamos y cuándo cada onda comienza y acaba, por lo que al final no nos sirve de mucho. Así nos encontramos, como en la web www.tradingview.com, con analistas técnicos muy bien formados, que son capaces de interpretar exactamente el mismo gráfico de forma totalmente diferente, haciendo un conteo de Ondas de Elliot diferente.

c. Las velas japonesas. Estos son signos gráficos muy utilizados en el mundo occidental que indican si el precio sube o baja, además indicando valor de abertura y cierre, valor mínimo y máximo alcanzado en un periodo de tiempo determinado.

Críticas a este sistema:

1. En teoría se dice que contra más número de velas confirmen una tendencia mejor.

Así pues, las velas individuales de por sí tienen poco valor para analizar precios.

Entonces aunque se trate de una vela japonesa que represente un periodo largo de cotización de precios, como una semana o un mes, por sí sola tampoco es de gran valor analítico.

2. Por otro lado si las velas japonesas tienen un cuerpo largo, es decir, distancia larga entre punto de abertura y de cierre, en teoría se supone que indican fortaleza de esa tendencia, pero muy a menudo encontramos una o varias velas largas alcistas de este tipo, seguidas por largas velas bajistas correctoras del movimiento anterior o viceversa. Así pues en el corto plazo, velas o agrupaciones de velas que supuestamente son fuertemente alcistas o bajistas suelen ser corregidas por velas o agrupaciones de velas con la tendencia contraria, así que al final si se apuesta porque el precio seguirá la primera tendencia, resulta que enseguida se produce un retroceso, convirtiéndose en una falsa señal. Esto es así porque los precios no se suelen mover en línea recta, sino con avances y retrocesos. Y la regla general es que contra más fuerte es una tendencia, más fuerte será su contratendencia o corrección.

3. La combinación de varias velas, formando agrupaciones o patrones gráficos de velas, fallan muy a menudo en ayudar a predecir precios, ya que si las velas japonesas individuales no son fiables a la hora de predecir movimientos de precios, la

combinación o patrones gráficos de velas al ser formados por agrupación de velas individuales, por lógica tampoco pueden ser muy fiables.

4. Las velas japonesas se tienen que analizar en su contexto de tendencia presente con otras subtendencias o tendencias, en un marco de tiempo determinado, situación en relación a patrones gráficos presentes o pasados como triángulos, canales, cuñas, etc., pero, ¿dónde empieza y acaba este contexto?

5. Hay que analizar los patrones de velas en su contexto, pero a menudo se encuentran agrupaciones de velas que se pueden interpretar de manera alcista y bajista al mismo tiempo, y en ambos casos estaríamos haciendo análisis correctos. Es decir, muchas veces no hay una sola lectura correcta de una serie de agrupaciones de velas japonesas.

6. Los precios se dice que se consolidan cuando se mantienen cotizando dentro de un rango pequeño durante un cierto periodo de tiempo. ¿Pero cuántas velas y de qué marco temporal tienen que ser para que se considere que el precio se ha consolidado?

7. Para confirmar una tendencia o predecir el movimiento del precio en una u otra dirección, se dice que contra más velas, agrupaciones de velas o patrones gráficos de precios lo confirmen mejor, es decir, más probable es que la predicción sea correcta.

Y si estas velas japonesas o patrones de velas son confirmados por indicadores tales como el RSI (Indicador de Fuerza Real de la tendencia), por el oscilador Estocástico, por el MACD, u otro indicador, sobretodo formando divergencias indicando un cambio de tendencia, pues mucho más fiable serán estas señales.

Pero los problemas que encontramos con esta forma de pensar son:

A. Si las velas o agrupaciones de velas japonesas a menudo fallan en dar buenas señales de la futura dirección del precio, y a menudo se producen rupturas falsas hacia arriba o hacia abajo, entonces la confirmación de éstas con más velas o patrones de velas, o con indicadores u osciladores realmente no sirven para confirmar, si partimos de la base de que lo que quieren confirmar ya es a menudo incorrecto.

B. Las velas o agrupaciones de velas pueden ser interpretadas a menudo de dos maneras distintas: así pues por ejemplo una vela bajista con una cola muy larga hacia arriba puede indicar que en la parte superior de rango de precios no hay apenas resistencia, o que sí ha habido resistencia fuerte, y por eso el precio retrocedió.

Entonces si partimos de que hay velas o agrupaciones de velas japonesas que pueden ser interpretadas de más de una manera, entonces al intentar confirmar con indicadores la interpretación de esta agrupación de velas, podemos caer en el error de confirmar una interpretación de velas incorrectas, lo cual no serviría para nada.

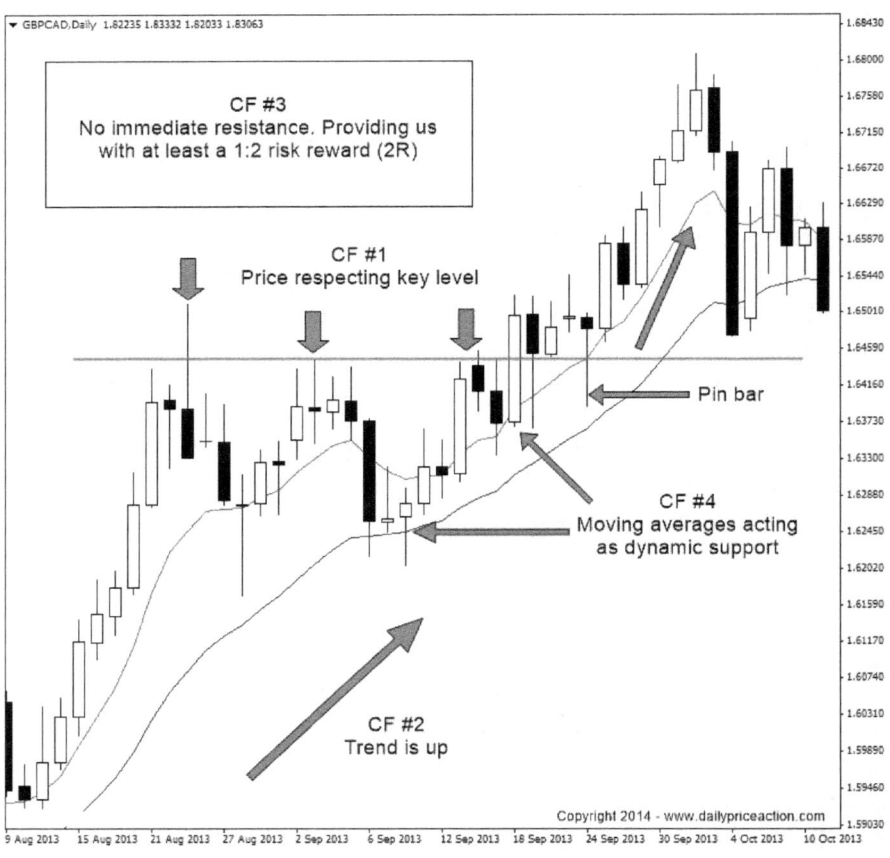

Así pues referente al punto anterior en la vela negra bajista de la izquierda, cuya cola por la parte superior es unas tres veces más larga que el cuerpo, se indica dentro del rectángulo superior que no hay resistencia inmediata, y que nos proporciona con al menos un 1:2 de riesgo ganancia (2R). Pero la verdad es que una vela con una cola tan larga en la parte superior también puede interpretarse como que el precio subió mucho, pero que la fuerte resistencia hizo que al final el precio bajara por debajo del precio de abertura.

Posteriormente a la derecha se nos indica en inglés: CF #1 "Price respecting key level", que significa en español que el precio está respetando el nivel clave. Es decir, indicación de que el precio se está consolidando sin caer otra vez, con las medias móviles actuando de soporte dinámico como se indica en el punto CF #4. Pero la verdad es que el precio podría haber caído en cualquier momento, siendo simplemente un tiempo en el que el precio se mueve de forma lateral.

Como se ve las velas o patrones de velas pueden interpretarse de más de una manera, y por tanto este gráfico podría interpretarse también como que el precio podría caer.

*Esta imagen ha sido sacada de un artículo de internet en el que el autor indicaba que para predecir futuras tendencias de precios, contra más

velas o patrones de velas lo confirmen más posible es que esa tendencia

se haga realidad.

C. Patrones de velas de cambio de tendencia. Siendo los más frecuentes:

-Alcista envolvente (Bullish Engulfing en inglés), Patrón de Perforación (Piercing Pattern), Harami Alcista, Martillo, Martillo Invertido, Estrella de la mañana (Morning Star), Bebé Abandonado Alcista (Bullish Abandoned Baby).

El problema estriba en que también hay que analizarlos dentro de su contexto, y la realidad es que dentro del contexto pueden aparecer señales o patrones contrarios a estos patrones de cambio de tendencia, por lo que tendríamos que examinar cuál es la tendencia o subtendencia actual, lo cual puede ser bastante confuso.

Además estos cambios de tendencia se deben confirmar también con indicadores como el RSI, el Estocástico o el MACD, etc. especialmente a través de las divergencias, o con un cambio en el volumen de capital, pero como se ha dicho las agrupaciones y patrones de velas se pueden interpretar de varias maneras dependiendo del contexto como hemos visto, y si por alguna razón se hace una interpretación errónea de un cambio de tendencia basado en las velas japonesas, tampoco sirve de nada cualquier confirmación con otros indicadores.

Como mencioné en mi testimonio, observando la oscilación del precio del bitcoin-dólar en la primera quincena de Octubre del 2017, observé muchos patrones gráficos como hombro-cabeza-hombro, triángulo descendente, flujo de volumen de capital no muy elevado, divergencias bajistas en los osciladores MACD y Estocástico, pero el precio del bitcoin resultó subir exponencialmente igual. Así que incluso con confirmación técnica de cambio de tendencia con patrones gráficos y de osciladores tampoco acerté a predecir la futura tendencia del precio del bitcoin. Por lo tanto ni incluso con el añadido de confirmaciones de cambio de tendencia de varias tipos, nos asegura un buen resultado.

d. Volumen:

1. Volumen Patata Caliente. Aunque el papel de liquidez que aportan los traders de alta frecuencia a los mercados financieros es casi innegable, los oponentes del trading de alta frecuencia sienten que la liquidez que éste crea es superficial, porque los activos se mantienen solamente por un muy breve periodo de tiempo (segundos o fracciones de un segundo) antes de ser vendidos otra vez al mercado. La mayor parte del tiempo, los activos son comprados y vendidos varias veces entre los traders de alta frecuencia hasta que son comprados por un inversor. Los oponentes dicen que así no se produce creación última de liquidez, sino una mera facilitación para ejecutar órdenes.

Así pues el trading de alta frecuencia produce lo que se llama "volumen patata caliente". Las posiciones van y vuelven entre los traders de alta frecuencia y otros creadores de mercado. Así pues se crea un gran volumen pero no profundidad de mercado. Para que las órdenes sean absorbidas, los compradores deben mantener sus posiciones por un periodo de tiempo más largo que solamente unos pocos segundos.

2. Piscinas oscuras. Se llama así al volumen de trading creado por órdenes institucionales ejecutadas en lugares de cambio privados y no disponibles para el público. El volumen de la liquidez de las piscinas oscuras se representa por inversiones en bloques facilitadas por lugares de cambio que no son los centrales.

También se le llama el "mercado de arriba", "liquidez oscura" o "piscina oscura".

Así pues el volumen y la liquidez inyectados por estos inversores operando a través de estos lugares de cambio alternativo, quedan ocultos al resto de personas, lo que ha sido criticado por muchos traders como prácticas injustas.

El origen de estas "piscinas ocultas" está en la proliferación del trading de alta frecuencia. Así pues con ordenadores potentes y logaritmos complejos se pueden ejecutar órdenes antes que la competencia, obteniendo ganancias de pequeñas variaciones de precios, y cerrando posiciones con el capital de las operaciones subsiguientes del resto de inversores. En esta carrera por ser el más rápido abriendo y ejecutando posiciones de trading, los grandes inversores que querían dividir sus grandes inversiones en grandes bloques a lo largo del día a través de diferentes lonjas de cambio, vieron como se les adelantaban a sus operaciones y obtenían dinero a costa de ellos, por lo que los bancos de inversión decidieron abrir lugares de cambio

alternativos y privados, que son legales, a pesar de ser creados para evitar la transparencia de las lonjas de cambio centrales, de manera que el resto de traders no se dieran cuenta de sus posiciones en el mercado. De esta manera también se proporciona liquidez a estas operaciones en grandes bloques que estos grandes inversores no podían hacer en lonjas de cambio centrales, ya que incluso llegaban a colapsar estas lonjas con sus numerosas y voluminosas operaciones, impidiendo operar satisfactoriamente a otros inversores.

Ha habido investigaciones de la SEC (Comisión de Control de los Mercados Financieros en Estados Unidos) debido a quejas de inversores, indicando que estos traders que operan en estas lonjas de cambio alternativas, hacen inversiones que no son transparentes y que les roban los beneficios, adelantándose a sus operaciones de trading.

Llegamos a la conclusión de que el volumen también es fácilmente manipulable, y que por tanto, no es una buena opción para confirmar tendencias, cambios de tendencias o hacer buenos análisis de movimientos de precios.

e. Al utilizar el análisis técnico, tanto el análisis de precios en gráficos, agrupaciones de velas y patrones gráficos que forman, indicadores, etc. debemos tener presente que competimos con estos traders de alta frecuencia que utilizan ordenadores potentes con logaritmos muy complejos que son capaces de detectar y analizar estos gráficos, medias, indicadores, osciladores mucho antes que nosotros, y que además como suelen hacer operaciones de gran volumen de capital, también tienen la opción de mover el precio hacia un lado o hacia otro según les convenga antes de que el resto de traders actúen. Por lo que cuando el resto de mortales deciden ejecutar órdenes basadas en el análisis de esos gráficos e indicadores, a menudo lo que se hace es facilitarles liquidez a estos traders de alta frecuencia tomando la posición contrapuesta de ellos, que están cerrando ya sus posiciones cuando nosotros las abrimos.

Pero de todas maneras para el alivio de los traders minoristas o llamados "peces pequeños", el ratio de éxito del trading algorítmico sigue siendo bajo, debido a errores en los algoritmos que se implementan. Así que ni siquiera con algoritmos complejos, la tasa de acierto mejora significativamente, por lo que nos lleva a pensar que no hay fórmula debajo del sol que nos lleve al éxito en el trading, sino la buena gestión del beneficio-riesgo y del capital en cada operación, es decir, no invirtiendo más del 1% del capital disponible en cada operación y cortando pérdidas rápido, sin que éstas superen el 2% por posición del capital total disponible. También se suelen compensar las pérdidas a través de la técnica del "hedging", que consiste en abrir una posición en un activo en sentido contrario a la otra, es decir, abrir una posición corta si la otra es larga o viceversa.

Y por si esto no fuera poco, como habíamos comentado antes, existen los traders de ultra alta frecuencia, que son básicamente traders de alta frecuencia que pagan por entrar a lonjas de cambio que muestras cuotas de precios un poco antes que el resto del mercado, lo que les da cierta ventaja sobre el resto de participantes, incluso sobre los traders de alta frecuencia estándares.

f. El hecho de que los precios suelen formar patrones gráficos como: triángulos simétricos, triángulos ascendentes o descendentes, canales, hombro-cabeza-hombro, doble suelo, doble techo, etc. o siguiendo proporciones matemáticas que se repiten como los avances y retrocesos de Fibonacci, junto al hecho de que los precios suelen frenarse repetidamente en puntos o zonas de soporte y resistencia. Más el hecho de que los mismos indicadores de tendencia como las medias móviles sirven a veces de soporte o resistencia; además teniendo en cuenta que los indicadores y osciladores son fórmulas matemáticas, nos lleva a la conclusión de que los que mueven los precios de los mercados lo hacen de forma consciente hacia estos niveles a través de sus potentes ordenadores con complejos algoritmos, pues en caso contrario, los precios no tendrían estas tendencias a pararse en zonas de soporte y resistencia, o a formar patrones y figuras de forma repetida.

Si realmente la oferta y demanda mueve solamente el precio, entonces la formación de precios sería mucho más arbitraria creo yo.

g. La gran cantidad de indicadores de análisis técnico existentes demuestra que muchos no funcionan o han dejado de funcionar. En general todos los traders acostumbran a utilizar niveles de soporte y resistencia junto a unos pocos indicadores: medias móviles y sus cruces, osciladores RSI, Estocástico, MACD y pocos más.

h. Los mismos brokers online ofrecen estrategias de inversión y alertas de inversión gratis. Si fueran tan eficientes estas estrategias o alertas de inversión, las utilizarían ellos mismos y vivirían de ello. Yo mismo he probado estas estrategias de inversión como comenté en mi testimonio, y aproximadamente el 50% resultaron en estrategias perdedoras.

i. Los precios no se suelen mover en línea recta generalmente, sino que avanzan y retroceden o corrigen, y además aunque estemos casi seguros de que el precio se va a mover, por ejemplo, entre un punto de soporte X y uno de resistencia Y, el camino entre X e Y puede ser de infinitas maneras, por lo que las variables son también muy amplias.

10

Alternativas al trading de alta frecuencia

Las compañías clásicas de "High Frequency Trading" (trading de alta frecuencia) están comenzando a migrar hacia otras formas de trading algorítmico y automático, pero más eficientes, que no conllevan tantos costes como el HFT tradicional, ya que la gran competencia entre las compañías de HFT, los altos costes de infraestructura, mantenimiento y actualización del hardware y software para poder competir, las regulaciones cada vez más restrictivas y nuevas tasas impuestas al HFT, elevan muchísimo los costes y como consecuencia disminuyen grandemente los márgenes de beneficios.

Así pues están comenzando a migrar a alternativas como el momentum trading, el trading basado en noticias automáticas, trading basado en feeds de redes sociales, integración de hardware y software en firmware actualizado para ganar en velocidad de análisis técnico y de ejecución de operaciones. En general estas nuevas formas de trading siguen utilizando algoritmos matemáticos para analizar palabras en estas noticias o feeds, en las cuales programas de ordenadores basan sus decisiones de inversión y las ejecutan de manera automática.

Conclusión: si el análisis técnico tradicional fuera el único o el mejor sistema para tomar decisiones de trading, entonces por mucha competencia o costes que comportara el HFT basado en análisis técnico, ninguna compañía de trading de alta frecuencia migraría a otras alternativas. Lo cual demuestra que el análisis técnico es un sistema de análisis fallido como el resto.

11

Los mejores traders de la historia

Éstos son algunos de los mejores traders de la historia, y por tanto inversores de los cuales podríamos aprender o intentar imitar a la hora de introducirnos en este mundo: 1. Jesse Livermore (1877-1940) fue un trader estadounidense famoso por sus grandes ganancias y por sus grandes pérdidas. Operó con éxito en corto durante la caída del mercado de acciones en el 1929, llegando a lograr una fortuna de hasta $100

millones, pero en 1934 había perdido su dinero y trágicamente se quitó la vida en 1940. Curiosamente contó que perdió su fortuna por romper sus propias reglas de trading.

Entonces nos preguntamos: si estas reglas de trading eran tan eficazmente válidas,

¿por qué las rompió? Sería muy ilógico descubrir unas reglas de trading o de inversión, que funcionan y hacen rico a uno, para luego romperlas y perder todo el dinero. No tiene sentido. Entonces parece ser que una de las explicaciones es que las reglas de Jesse Livermore funcionaron puntualmente, y que después del Crash del 1929, las reglas que definían la cotización de precios de los mercados cambiaron y así perdió su fortuna. Por lo que no fue un trader de éxito consistente, y al final tampoco nos sirve de modelo como trader a largo plazo.

Como veremos tanto con Jesse Livermore como con la mayoría de traders de esta lista, parece que su éxito se basa generalmente en detectar grandes fallos del sistema, o en su caso del mercado de valores en las grandes crisis de 1907 (crisis financiera estadounidense), 1929 (la caída del mercado de acciones de Estados Unidos seguida de la Gran Depresión de los años 30 y principios de los 40), 1987 (crisis global de los mercados de acciones), 2000-2003 (crisis de las puntocom o nuevas empresas tecnológicas de internet), 2007-2008 (crisis de las hipotecas subprime y crisis financiera global), para apostar en corto por la caída de estos mercados. Pero obviamente este tipo de crisis y fallos de los mercados no se dan muy a menudo.

Por otro lado se le atribuye estas frases de pensamiento a Jesse Livermore:

"A lo largo del tiempo, la gente ha actuado y reaccionado básicamente de la misma manera en el mercado como resultado de la avaricia, el miedo, la ignorancia y la esperanza. Por eso las formaciones numéricas y los patrones se repiten de forma constante." La crítica a esta forma de pensar es que los sentimientos desordenados, irracionales y muchas veces incontrolables como la avaricia y el miedo, o la falta de conocimiento (ignorancia), o un sentimiento basado en una creencia que podría ser falsa (la esperanza), es imposible que produzcan como consecuencia formaciones numéricas o patrones ordenados en los gráficos de precios. De la irracionalidad, el desorden y los sentimientos con poca base racional no pueden salir formaciones y patrones matemáticos ordenados.

2. William Delbert Gann, abreviado WD Gann (1878-1955) fue un trader que usó métodos de predicción de mercados basados en geometría, astrología y matemáticas antiguas. Sus técnicas misteriosas incluyen herramientas como los ángulos de Gann y el Cuadrado de 9.

Primeramente podemos decir que WD Gann usó métodos de predicción que se

basaban en astrología. ¿Y qué tiene que ver la astrología con la predicción de precios?

Pues no mucho. Según Wikipedia la astrología es la creencia en que la posición de las estrellas, constelaciones y planetas influye en los eventos de las personas en la tierra, e incluso en su personalidad. A pesar de su popularidad en muchas etapas de la historia se ha demostrado que tanto la astrología occidental como la oriental carecen de validez científica o capacidad explicativa y son consideradas pseudocientíficas.

De hecho los descubrimientos de Copérnico dieron un tremendo golpe a la astrología, ya que Tolomeo había desarrollado el zodíaco de siete astros y doce casas, que es el cinturón imaginario en el cielo en el que se mueven los planetas en sus respectivas órbitas, y que todavía se utiliza mucho actualmente. Pero Tolomeo desarrolló el zodíaco y todos sus cálculos basado en la suposición de que la Tierra era el centro del universo. Dijo que el sol, la luna y los cinco planetas daban vueltas alrededor de la tierra y enfocaban sus "poderes" sobre la tierra para determinar el destino de todos los seres humanos.

Con el conocimiento a través de Copérnico de que la tierra era solamente uno de varios planetas que giraban alrededor del sol, en vez de ser el centro del universo que dijo Tolomeo, la gente comenzó a abandonar la astrología como si fuera un cuento de viejas. Así pues el comienzo de la astronomía científica significaba la destrucción de la astrología, aunque en el final del siglo diecinueve con la declinación de la religión formal, debido a la secularización del cristianismo y al avivamiento de las religiones ocultas como la Teosofía o las teorías orientales como la reencarnación, la astrología cobró otra vez fuerza.

Además la astrología tiene sus raíces en la adoración planetaria de las antiguas civilizaciones de la Media Luna fértil, la cual es condenada en la biblia como una práctica que Dios aborrece.

Por otro lado su técnica de trading más popular y usada son los Ángulos de Gann, cuyo nombre proviene obviamente del apellido de su creador, siendo su concepto principal cuando se trabaja con ellos que el pasado, el presente y el futuro todos pueden existir al mismo tiempo en los ángulos. Así los ángulos de Gann pueden ser usados para predecir soporte y resistencia, la fuerza de la dirección y cuándo el precio llegará a un máximo y a un mínimo.

Según esta teoría cuando el mercado rompe una tendencia, entonces el precio se mueve al siguiente ángulo. Obviamente los precios cuando rompen un nivel de soporte o resistencia se pararán en otro soporte inferior u otra resistencia superior en algún momento, y por tanto al haber 9 ángulos de Gann siempre los precios parecerán pararse en esos ángulos, aunque no lo hagan de manera exacta.

Así pues cuando se analiza o se hace trading en un mercado en particular, el analista o trader intenta obtener una idea de donde el mercado ha estado, dónde está en la actualidad en relación con ese máximo o mínimo pasado, y se procura usar toda esta información para predecir futura acción-precio.

Pero el hecho de que pasado, presente y futuro puedan existir al mismo tiempo en los ángulos, parece un concepto difícil de entender, más propio de una religión o filosofía, por lo que para algo tan concreto como intentar crear buenas estrategias de trading analizando precios, parece de dudosa utilidad en el tiempo presente.

Tal vez los ángulos de Gann se utilizaron en el pasado y pareció que en cierto modo funcionaron, pero a día de hoy los ángulos de Gann es una herramienta poco utilizada en el trading contemporáneo, por lo que su utilidad en el tiempo presente es cuestionable, ya que en vez de ellos se utilizan más los avances y retrocesos de Fibonacci o las Ondas de Elliott para calcular soportes o resistencias y máximos y mínimos de cotización, o el oscilador RSI para calcular la fuerza de la dirección.

3. Georges Soros que nació en 1930, es el presidente del Fondo de Gestión Soros, una de las compañías más exitosas en la historia de los fondos de compensación. Es famoso por su venta en corto de la libra esterlina en septiembre de 1992 por un valor de $10 billones, lo que le llevó a ganar $1,4 billones de beneficios. ¿Pero qué circunstancias se dieron para que Georges Soros decidiera hacer semejante operación? El Reino Unido entró en el ERM (European Exchange Rate Mechanism) o Mecanismo de Tipo de Cambio Europeo creado en 1979, que fue el predecesor de la Unión Europea, con el propósito de mantener más integradas a las naciones europeas después de la Segunda Guerra Mundial, y así evitar una nueva gran guerra creando una comunidad internacional integrada que hiciera competencia a Estados Unidos.

De esta manera como la economía europea más fuerte era la alemana, entonces se decidió con el fin de integración de las economías europeas que los tipos de cambio de las monedas de estas naciones fueran fijas, estableciendo su valor en comparación con el marco alemán, y con un rango de fluctuación de más o menos 6%.

En los mercados de divisas se compran y venden monedas nacionales cada día, estableciendo el precio de estas divisas según la ley de la oferta y demanda, pero el hecho de mantener un tipo de cambio fijo, obligaba a los estados miembros de la ERM a participar activamente en el mercado de divisas, comprando o vendiendo su moneda para mantener este tipo de cambio pactado.

Así pues en 1992, el Reino Unido y Europa estaban sumergidos en una recesión global, y el desempleo subió en el Reino Unido desde el 7,7% en 1990 al 12,7% en 1992, junto a poca demanda de productos y servicios. Por lo que para incentivar la economía la política económica más correcta sería bajar tipos de interés, facilitando el préstamo de dinero por parte de los bancos, incentivando así la inversión y el consumo, pero de esta manera también se produciría una devaluación de la libra esterlina, por el aumento de la oferta de la cantidad de dinero en circulación. Pero el Reino Unido no podía permitirse esta devaluación de su divisa, si quería cumplir con el tipo de cambio fijo pactado en su entrada al ERM que fue de 1 libra esterlina= 2,95

marcos alemanes con una fluctuación de más o menos 6%.

Así pues la libra mantuvo su valor estable durante el verano de 1992, mientras los inversores creyeron que el Banco de Inglaterra mantendría el tipo de cambio de la libra esterlina en el rango establecido por el ERM, pero el 16 de Septiembre de 1992, tras otras noticias y comentarios durante este mismo año en la misma dirección, el presidente en aquel entonces del Bundesbank, o Banco Central Alemán, Helmut Schlesinger, dijo que incluso después del realineamiento y bajada de tipos de interés en Alemania, estas medidas no serían suficientes para mejorar la economía, y no descartaba que otras divisas europeas estuvieran bajo presión.

George Soros y su equipo del Fondo Quantum, estuvieron atentos a la noticias, y decidieron aumentar su capital que habían acumulado hasta el momento de $1,5

billones para apostar que el valor de la libra esterlina caería (posición en corto), tomando prestadas libras esterlinas y vendiéndolas, aumentando así su posición en corto total hasta los $15 billones. Sucesivamente otros fondos de compensación decidieron hacer lo mismo, y a pesar de que el gobierno británico subió los tipos de interés del 10% al 12% y del 12% al 15%, y de que el Banco de Inglaterra compró 27

billones de libras esterlinas, no impidieron que la libra cayera el 17 de Septiembre del 1992, tan pronto el Reino Unido tomó la decisión de salirse del ERM un 15% frente al marco alemán y un 25% frente al dólar americano, convirtiéndolo en el conocido como "Miércoles Negro". Así pues Georges Soros y sus socios del fondo llegaron a lograr unas ganancias netas de $1,4 billones.

Conclusión: Así pues observamos, como Georges Soros y su equipo del Fondo de Compensación Quantum también se aprovecharon de un fallo del sistema puntual, que en aquel entonces fue decidir establecer un cambio de tipo fijo para la libra esterlina en relación con el marco alemán, lo cual les dio una posición de ventaja a especuladores como Georges Soros, que se dieron cuenta que ante una crisis económica la libra esterlina no podía subir mucho de precio. Por lo tanto al apostar por su devaluación tenían poco que perder, estando su valor simplemente mantenido artificialmente en la parte baja del rango de cotización acordado en el ERM, por lo

que era bastante posible que añadiendo presión a través de grandes posiciones en corto se acelerara el proceso de su devaluación.

A día de hoy las economías de países desarrollados ya no usan tipos de cambios fijos, por lo que estas oportunidades de operaciones especulativas en divisas de países desarrollados ya no se producen.

Solamente es en los países subdesarrollados que se suelen utilizar tipos de cambios fijos, o sistemas mixtos o de flotación sucia (el precio se rige por la oferta y la demanda pero en un rango, fuera del cual actuará el Banco Central para devolver la moneda a este rango de precios) en algunos países emergentes.

4. Richard Dennis. Nació en 1949 y se hizo famoso en el mundo del trading como un trader de éxito de productos básicos con base en Chicago. Ganó unos $200 millones de fortuna durante sus años como especulador, y junto a su socio William Eckhardt, Dennis fue el cocreador del mítico experimento "trading tortuga" (Turtle trading) A los alumnos llamados tortugas se les enseñó una estrategia basada en tendencias.

La idea es que la "tendencia es nuestra amiga.

La crítica a este sistema es que incluso sin las clases de Dennis, cualquiera puede aplicar las reglas básicas del trading tortuga. La idea general es comprar cuando los precios rompen al alza y cerrar la posición cuando los precios se consolidan o se dan la vuelta. Las posiciones cortas o de venta se deben hacer según los mismos principios porque los mercados experimentan tendencias alcistas y bajistas. Mientas que cualquier marco de tiempo se puede usar para las señales de entrada, la señales de salida deben ser bastante más cortas para maximizar ganancias (lo que llamamos

"ceñir los Stop Loss").

Conclusión: A pesar de sus éxitos, las desventajas del trading tortuga son tan grandes como sus ventajas. De hecho cualquier sistema de trading tiene desventajas, pero éstas son incluso más serias en estrategias que siguen tendencias, ya que muchas roturas tienden a ser falsas roturas de precios al alza o a la baja. Así pues los mismos usuarios de estas estrategias, dicen que esperan acertar solamente un 40%-50% de las veces, que es parecido al porcentaje de acierto cuando se lanza una moneda al aire, la cual no es una suficientemente buena estadística para basar decisiones de inversión.

5. Paul Tudor Jones, nació en 1954 y fundó la Corporación de Inversión Tudor, uno de los fondos de compensación líderes. Tudor Jones también ganó notoriedad después de ganar alrededor de $100 millones tras apostar en corto por la caída de acciones en la Caída del Mercado de 1987. Esta caída del Mercado de 1987, también fue una burbuja en los precios de las acciones, ya que la idea de que los precios de éstas nunca caerían había calado en las mentes de los inversores, en parte por el buen marketing de las compañías que cotizaban en bolsa, hasta que una serie de

investigaciones por parte de la comisión reguladora de los mercados financieros en Estados Unidos (SEC), hizo que los inversores empezaran a vender sus acciones y compraran otros activos como bonos, incluso de baja calidad crediticia. Además las órdenes de venta hicieron colapsar el sistema informático del New York Stock Exchange, y la gente empezó a entrar en pánico vendiendo sus acciones.

Conclusión: de nuevo Paul Tudor Jones se dio cuenta de un fallo del sistema, que era la burbuja de precios en el mercado de acciones, y apostó fuertemente en contra.

Oportunidades como éstas no se dan tan a menudo.

6. John Paulson: nació en 1955 y formó el Hedge Fund Paulson & CO. También ganó billones de euros en el 2007 de ganancias apostando en corto contra el mercado de préstamos hipotecarios a través de intercambios predeterminados de crédito o contratos de crédito derivativo, en otras palabras contratando una clase de activos derivados que le supondrían beneficios si el mercado de préstamos hipotecarios caía o fallaba.

Conclusión: aprovechó su conocimiento del mercado de préstamos hipotecarios, sabiendo que las personas que recibían estos préstamos difícilmente podían devolverlos, y que por tanto la burbuja hipotecaria subprime caería, y así se hizo millonario. Pero otra vez se trataba de un buen análisis acerca de un fallo del sistema, en este caso de los precios inflados de las hipotecas subprime.

7. Warren Buffett, es posiblemente de los más populares inversores de todos los tiempos, sobretodo por 3 razones:

1. Por su inmensa fortuna de $81,1 billones de dólares, que según Forbes, lo clasifica en la cuarta persona más rica de la tierra en el 2017.

2. Por ser un notable filantropista, donando gran parte de su fortuna para causas, fundaciones y organizaciones que promueven fines desinteresados de ayuda a otras personas.

3. Por su gran capacidad para los negocios, sobretodo en lo que se refiere a la compra y venta de compañías, empezando a partir de la compra en 1962 de la compañía textil inglesa: Berkshire Hathaway.

Así pues Warren Buffett pertenecería a la escuela de valor de inversión, que popularizó Benjamin Graham . El valor de inversión mira al valor intrínseco de una acción antes que centrarse en indicadores técnicos, como las medias móviles, volumen o indicadores de momentum. El hecho de determinar el valor intrínseco es un ejercicio de entender los estados financieros, principalmente documentos oficiales como las ganancias y los estados de ingresos.

Así pues Buffett miraría de responder a estas preguntas antes de invertir en una compañía:

1. ¿Cómo ha funcionado la compañía?

2. ¿Cuánta deuda tiene la empresa?

3. ¿Cómo son las ganancias marginales?

4. ¿Cuán únicos son los productos que vende la compañía?

5. ¿Están las acciones de la compañía depreciadas y cuánto?

Conclusión: Warren Buffett es en realidad un inversor a largo plazo más que un trader especulador a corto o medio plazo, que se basa sobretodo en un análisis fundamental de las compañías. De hecho Buffett está normalmente en la lista de los mejores inversores de todos los tiempos, y no en la de los mejores traders. Simplemente le he añadido en esta lista, por su gran popularidad y por la aportación que puede hacer al tema.

Así pues observamos que el análisis fundamental de compañías con proyección a largo plazo parece ser una herramienta útil para invertir en acciones, bonos o deudas de compañías privadas o de instituciones públicas, junto con el factor positivo de que el riesgo de una inversión se reduce a largo plazo. Pero obviamente, hay compañías como Tesla, que a pesar de sus malos resultados financieros, tienen una buena cotización en bolsa, debido a la popularidad de la compañía o a su buena imagen de marca, en la que el análisis fundamental proyectado a largo plazo por sí mismo de la compañía, no sería un indicador suficientemente fiable.

De hecho los fondos de inversión o de compensación hoy en día suelen operar y mantener sus activos por un plazo de uno a tres meses, por lo que las estrategias de inversión a medio o largo plazo como las de Warren Buffett, son también las más usadas por los traders profesionales que trabajan en estas instituciones.

Conclusión general:

Los grandes traders de la historia son personas que mayoritariamente han utilizado las grandes crisis económicas y financieras, los fallos del sistema y sus burbujas de precios, para apostar en la mayoría de los casos por la caída de los precios en los mercados, haciendo un buen análisis de los precios y de la situación del mercado de valores de su tiempo. Pero estas oportunidades solamente se producen cuando hay grandes crisis económicas y financieras, siendo la última la crisis global económica y financiera del 2007-2008, que empezó en Estados Unidos con los préstamos a las hipotecas subprime.

Estos grandes traders de la historia casi siempre fundan fondos de compensación, fondos de inversión o de pensiones, que son las organizaciones que hacen ganancias de los mercados financieros de manera consistente, por lo que todo parece indicar que una forma de vivir de las inversiones es llegando a ser un trader corporativo y no minorista. Pero este sueño de ser un trader corporativo, no es algo fácil a lo que un pequeño inversor puede aspirar.

Por otro lado, las estrategias de muchos de estos grandes traders tienen grandes desventajas y aciertan tan a menudo como fallan, por ejemplo, en el caso visto de la estrategia Tortuga Trading, que utiliza roturas de tendencias, las cuales a menudo son falsas roturas, o se basan en teorías pseudocientíficas o metafísicas como la astrología, que poco tienen que ver y aportar al mundo del trading.

La mayoría de estos grandes traders de la historia, a excepción de Buffet, que es un inversor a largo plazo, son traders que utilizan trading direccional, es decir, que basan sus operaciones en fuertes convicciones de que el precio de un mercado o de un activo en concreto se va a mover hacia un sentido u otro, y suelen acompañarlo de inversiones de grandes cantidades de capital para maximizar los beneficios, compensando posibles posiciones perdedoras con posiciones en sentido contrario o con compra de futuros, opciones, u otros productos derivados, técnica que se llama

"hedging". Pero obviamente este fuerte convencimiento de que el precio va a ir en uno u otro sentido, no es algo que se suele dar muy a menudo, sino bajo

circunstancias concretas: burbujas financieras, crisis globales, tipos de cambio fijos, etc.

Conclusión final

Hemos visto como en el mundo del trading hay engaños, mentiras y conflictos de intereses a todos los niveles, incluso en las herramientas de análisis de los propios mercados como el análisis fundamental y el técnico, por lo que la mejor decisión sería en este caso desconfiar de un sistema en el que el 90% de los inversores minoristas pierden el 90% del capital en menos de 90 días.

Incluso si alguno de los lectores no está de acuerdo con algunos de los puntos mencionados en este libro, posiblemente lo esté en otros puntos, y éstos probablemente sean suficientes para disuadirle de comenzar o seguir haciendo trading.

Pero como dije al principio con otras palabras, vivimos en un mundo caído con un sistema caído, por lo que el amor al dinero y los engaños para conseguirlo a costa del prójimo no nos deben sorprender. Sin embargo a pesar de ello, el sistema de bancos y sistema financiero que usamos, es el sistema que tenemos y también tiene sus ventajas para los usuarios.

Así pues abrir cuentas corrientes o de ahorro en bancos donde poder depositar el dinero es algo que considero acertado, ante la alternativa de esconder el dinero en cualquier lugar, e incluso beneficiándonos de pequeños intereses que nos aportan algunas cuentas de ahorro remuneradas.

En cuanto a las inversiones, si seguimos el ejemplo de Warren Buffett, utilizando un análisis fundamental de las compañías (principalmente balances de estados financieros), no desaconsejaría 100% invertir en acciones a largo plazo, es decir manteniendo la inversión un mínimo de 3 meses, teniendo en cuenta que no hay garantía tampoco que a largo plazo estas acciones suban de precio a pesar de los buenos balances financieros de la empresa.

Además en las estrategias de inversión a largo plazo siempre es recomendable la diversificación, es decir, invertir en varias compañías, en varios activos o diferentes tipos de activos financieros para que las pérdidas en unos sean compensadas con las ganancias en otros, o compensar las pérdidas a través de opciones, derivados financieros o seguros, para que en caso de que el precio vaya en sentido contrario al de nuestra inversión, nos pueda permitir vender o comprar estos activos a un precio más favorable como en el caso de las opciones o futuros, o que nos puedan devolver todo o parte del capital perdido como en caso de los seguros.

De todas maneras el propósito de este libro no es hablar de inversiones, sino sobretodo del trading, es decir, de las inversiones especulativas a corto o medio plazo, en las que se abren y cierran posiciones en minutos, horas o plazos de uno o varios días.

Pero ante todo quiero acabar destacando que lo importante en trading no es lo que haces antes de pulsar el botón de comprar o vender, sino la buena gestión del riesgo-beneficio, que consiste en cortar las pérdidas rápido y de maximizar las ganancias, o de compensar las posibles pérdidas en una posición perdedora abriendo una posición contrapuesta en otro activo, técnica que se llama "hedging", que significa compensación, y que es una técnica muy utilizada en bancos de inversión o fondos de compensación para reducir el riesgo. A esta buena gestión del riesgo-beneficio habría que añadir una buena gestión del capital o porcentaje que se dedica a hacer trading del total de capital disponible en cada posición.

En otras palabras, se puede prescindir de cualquier análisis fundamental o técnico previo, pues en general si se cortan las pérdidas pronto, no dejando que las pérdidas por cada posición superen el 2% del total del capital disponible, y se maximizan las ganancias (gestión del riesgo-beneficio); o se compensan las posiciones perdedoras con el "hedging, y se invierte solamente aquella parte que no es necesaria para vivir, no invirtiendo en cada operación más del 1% del capital total disponible de la cuenta para hacer trading (gestión del capital), uno se convierte en un trader ganador.

Autocrítica

Nunca he sido un trader profesional, sino que más bien formo parte del poco selecto club de la regla de trading del 90-90-90. Es decir, del 90% de nuevos traders que pierden el 90% de su capital de trading en 90 días o menos. Yo tardé algo más de cuatro meses en perderlo, es decir más de 120 días, pero perdí todos mis ahorros, y no solamente el capital disponible en mi cuenta de trading.

Pero de hecho también he ganado dinero con la estrategia de comprar y mantener mis posiciones de trading abiertas hasta que obtuviera una ganancia. Es decir, comprar por ejemplo un par de divisas, y simplemente establecer un Take Profit, así cuando el precio de este par era mayor que al que lo había comprado, cerraba mi posición con beneficios.

También a finales de Agosto del 2017 gané mucho dinero con el par de monedas ethereum-dólar americano, siendo el ethereum una de las criptomonedas más populares del momento.

También he abierto posiciones perdedoras, y he esperado varios días o semanas para poder cerrar mis posiciones con pérdidas menores. Así pues cuando el precio se movió a mi favor las cerré sin esperar a recuperar todo mi capital, ya que cada día que dejaba una posición abierta me cobraban "Swaps", o comisiones de financiación por dejar posiciones abiertas para el día siguiente.

Pero a pesar de mi mala gestión, esto no implica que no pueda reflexionar sobre mis propios errores o pérdidas y sacar lecciones de ello. De hecho no es mi intención en este libro basarme en sentimientos negativos para criticar el trading, por el hecho de haber perdido dinero con ello, como si este libro fuera una forma de venganza o de terapia psicológica para mi sanidad mental. De hecho la pérdida de mi dinero no ha influido negativamente en mi estado anímico, sino que a pesar de todo ello, gracias a Dios, me encuentro anímica y espiritualmente en una buena etapa. Además tampoco la crítica negativa injustificada o la venganza ayudaría a mi salud mental, sino que contribuiría a lo contrario.

Tampoco quiero que se interprete este libro como un ataque al sistema capitalista que nos roba, y la defensa de un sistema económico alternativo. Aunque sí, creo que el sistema capitalista tiene graves errores, y está muy lejos de ser un sistema perfecto, aunque parece ser que a pesar de todo funciona mejor que otros sistemas económicos de la historia.

Simplemente quiero aplicar la honestidad intelectual en este libro, explicando y exponiendo aquello que he experimentado e investigado, y que son simplemente el fruto de mis conclusiones e investigaciones.

De hecho no soy "una especie rara o en extinción", soy uno más del club de los 90-90-90 de trading como ya he dicho, cuya espiral de caída no hubiera sido tan grande si no fuera por los problemas colaterales que el trading puede traer consigo, y que no se explican en los seminarios, webinarios o cursos de trading: no querer cortar las pérdidas pronto (mala gestión del riesgo-beneficio), la avaricia especulativa, la tendencia humana a querer recuperar el capital perdido invirtiendo capitales mayores o con más apalancamiento, la adicción a mirar los precios de mis posiciones abiertas para ver si ganaba, perdía o recuperaba capital, es decir, sintiéndome en control de la situación, etc. Así pues a pesar de que soy el único responsable de mis pérdidas, estos errores y debilidades que llevaron a la pérdida de mis ahorros, muestran una vez más las flaquezas e imperfecciones de la psicología humana.

Así para acabar después de la lectura de este libro, le corresponde al lector evaluar si realmente merece la pena hacer trading o no, esperando que este libro sea útil para ello.

Para dudas o comentarios acerca de este libro pueden escribirme a:

cesar.munoz.madrigal@gmail.com

Bibliografía y otros contenidos consultados

Web www.investopedia.com referente a los actores de los mercados financieros a tener en cuenta, tipos de brókers, manipulación de los estados financieros y mejores traders de la historia.

Revista The Economist. Artículos mencionados en el libro.

Vídeo: Tesla, ¿peligra el sueño de Elon Musk?. Canal de YouTube: VisualPolitik.

Vídeo: Anton Kreil Annihilates retail brokers and "trading educators". Canal de YouTube: Institute of Trading. Anton Kreil es un antiguo trader de Goldman Sachs.

Vídeo: "Wall Street: the speed traders ". Publicado en el canal de YouTube: CBS.

Gráfico de velas japonesas extraído del artículo: "Is Forex trading gambling? The answer might surprise you". Justin Bennet. www.dailypriceaction.com . Artículo del 13 de Abril del 2014.

Libro sobre la astrología: "Los horóscopos y el cristiano". Robert A. Morey. Editorial Caribe, 2002.

Gracias a todos ellos.

www.ingramcontent.com/pod-product-compliance
Lightning Source LLC
Chambersburg PA
CBHW050235230526
45470CB00005B/1970